U0742456

居家社区养老服务

JUJIA SHEQU YANGLAO FUWU

南京福康通健康产业有限公司　编

中国社会出版社

国家一级出版社·全国百佳图书出版单位

图书在版编目（CIP）数据

居家社区养老服务 / 南京福康通健康产业有限公司编；
汪明主编；华凌志，诸培强副主编 . —— 北京 ：中国社会
出版社，2023.11（2024.8 重印）
　　ISBN 978-7-5087-6954-7

　　Ⅰ.①居 … 　Ⅱ.①南 … ②汪 … ③华 … ④诸 … 　Ⅲ.①养老—
社区服务—研究—中国 　Ⅳ.①D669.6

　　中国国家版本馆 CIP 数据核字（2023）第 216198 号

居家社区养老服务

出 版 人：程　伟
终 审 人：魏光洁
责任编辑：秦　健
装帧设计：时　捷
出版发行：中国社会出版社
　　　　　（北京市西城区二龙路甲 33 号　邮编100032）
印刷装订：河北鑫兆源印刷有限公司
版　　次：2023 年 11 月第 1 版
印　　次：2024 年 8 月第 2 次印刷
开　　本：170mm×240mm　1/16
字　　数：230 千字
印　　张：16.75
定　　价：79.00 元

《居家社区养老服务》编委会名单

序　言

当前，我国正处在从轻度老龄化社会向中度老龄化社会迈进的阶段。如何让老年人安享晚年，是关系国计民生的重大现实问题。习近平总书记在党的二十大报告中强调："实施积极应对人口老龄化国家战略，发展养老事业和养老产业，优化孤寡老人服务，推动实现全体老年人享有基本养老服务。"国家"十四五"规划提出了实施积极应对人口老龄化国家战略，构建居家社区机构相协调、医养康养相结合的养老服务体系，健全养老服务综合监管制度。

从目前的现实情况来看，我国98%以上的老年人都是居家社区养老，在机构养老的老年人占比不到2%。可以说，居家社区养老在当前养老服务体系中发挥着基础性作用，医养结合的重点也应该放在家庭和社区。但是，我国居家社区养老服务的发展时间短，居家社区养老服务的能力和水平还有待进一步提升。因此，各级地方政府也都高度重视居家社区养老服务能力的提升，多地已将特殊困难老年人的居家社区照料服务列入民生实事工程，由专业的居家社区养老服务机构按需为老年人提供居家上门服务。

学生时代的汪明，是南京师范大学法学院《法韵》期刊的主编，恰同学少年，风华正茂，作为一名优秀学生干部，他高分通过司法考试之后，从事司法考试和公务员考试的公益类教育培训，数以千计的师哥（姐）师弟（妹）们，都是在他的帮助下，成功通过司法考试，走上公务员岗位。汪明是南京师范大学法学院走出来的学者型企业家，秉持了

"正德厚生、笃学敏行"的南京师范大学法学院传统。他主编的《居家适老化改造》（中国社会出版社，2020年6月版）填补了行业的空白，所撰写的《江苏农村老年人家庭适老化改造探索——以兴化市为例》《国外居家社区养老服务的经验》分别获得江苏省老年学学会2021年、2022年学术征文一等奖。此外，他所撰写的《居家养老援助服务的创新与探索——以无锡市梁溪区为例》入选了《新时代积极应对人口老龄化研究文集·2022》。这些研究成果总结了他在企业经营、为民服务过程中所获得的宝贵经验，同时又前瞻性地为国家和社会养老事业出谋划策。近年来，汪明带领他的团队，足迹踏遍了全国各地乃至全球，从西方发达国家吸取了宝贵的养老服务经验。他带队潜心研发，取得了42项专利、106项计算机软件著作权，尤其在适老辅具研发方面达到了较高的水准，体现了工匠精神。

南京福康通健康产业有限公司（以下简称福康通）以"为天下长者提供五星级居家养老服务"为宗旨，立足于打通居家社区养老服务"最后一公里"。福康通专注老年人居家生活环境的安全和居家社区养老服务，在人才培养以及标准化方面不断探索，曾先后参与民政部和上海、江苏、安徽、江西等地的标准制定。福康通在北京、上海、广州、深圳、苏州、杭州、南京、合肥、无锡、温州、池州等地以老年人家庭适老化改造、居家上门服务、长护险为起点，深耕居家社区养老服务，为居家社区养老服务的开展树立了新的标杆。

《居家社区养老服务》是福康通关于居家社区养老服务的实践总结，该书从概念解析、需求调研、老年人能力评估、养老服务中心的建设、养老服务平台的建设和运营、社区居家养老服务的主要内容和要求、居家社区养老服务的管理、居家社区养老服务的监督与监管、社区嵌入式养老和"物业+养老服务"、家庭养老床位、医养结合和长期照护保险、志愿服务与时间银行等方面较为详细地介绍了居家社区养老服务所涉及的服务内容和要求。因此，本书将有助于居家养老服务从业新手增强对该行业和相关业务内容的了解和掌握。

我很开心看到这本书的出版，希望它能够成为各地开展居家社区养老服务的宝贵资源和实践参考，也衷心希望福康通不断深耕养老行业，持续提升养老服务水平，为实施积极应对人口老龄化国家战略作出自己的贡献，充分承担起社会责任。

南京师范大学党委副书记　贲国栋
2023 年 6 月 9 日

前　言

随着经济的发展和社会的进步，人民生活条件不断改善，医疗卫生水平不断提高，人口预期寿命不断延长，以及生育意愿变化等因素导致的生育率下降，老年人口在总人口中所占的比重持续上升。我国自20世纪末步入老龄化社会以来，人口老龄化的程度日益加深。2022年国民经济运行情况新闻发布会数据显示，2022年末，60岁及以上人口28004万人，占全国人口的19.8%，其中65岁及以上人口20978万人，占全国人口的14.9%。

人口老龄化是社会发展的显著趋势，也是今后较长一段时期我国的基本国情。党的十九届五中全会明确提出实施积极应对人口老龄化的国家战略，要求完善养老服务体系，推进老年宜居环境建设，扩大服务产品有效供给。

2021年4月8日，国家卫生健康委在新闻发布会上表示，我国老年人大多数是居家养老和社区养老，形成"9073"的格局，即90%左右的老年人都居家养老，7%左右的老年人依托社区支持养老，3%的老年人入住机构养老。浙江省在2020年实现"9643"的养老服务总体格局，即96%的老年人居家接受服务，4%的老年人在养老机构接受服务，不少于3%的老年人享有养老服务补贴。因此，为老年人提供居家社区养老服务可以更好地提升老年人居家生活的幸福感、获得感和安全感。

为贯彻落实党中央、国务院关于推进养老服务发展的决策部署，《民政部关于进一步扩大养老服务供给　促进养老服务消费的实施意见》指出，要大力发展城市社区养老服务，积极培育居家养老服务。以社区养老服务机构为居家养老提供支撑，将专业服务延伸到家庭，为居家老年人提供生活照料、家务料理、精神慰藉等上门服务，进一步做实做强居家养老。

《江苏省养老服务条例》中也提出地方各级人民政府和有关部门应当完善居家社区养老服务体系，建立健全居家社区养老扶持、保障政策，促进居家社区、机构养老服务协调发展。要引导社会力量利用自身资源、发挥自身优势开展居家社区养老服务。

近年来，福康通立足于"为天下长者提供五星级居家养老服务"的宗旨，致力于打通居家社区养老服务"最后一公里"，为老年人创造安全舒适的居家生活环境、推动居家社区养老服务的标准化建设及人才队伍培养一直是福康通关注的重点领域。

本书基于对居家社区养老服务的需求调研，从居家养老服务在具体地区的实践过程中获得的总结与反思出发，结合国内外居家社区养老服务的相关政策和实践经验，在概念解析、主要内容和要求、养老服务中心的建设、管理和监督、信息平台等方面进行了全面的介绍。本书同时也对老年人能力评估、社区嵌入式养老机构、"物业服务+养老服务"、家庭照护床位、医养结合、长期护理保险、志愿服务与时间银行等相关概念进行了阐述，并介绍了其在居家社区养老服务中的应用与关联，旨在对居家社区养老服务的各项内容进行全方位的梳理。

本书各章主要内容如下：

第一章是居家社区养老服务概述。本章阐述居家社区养老服务的概念、服务对象、服务主体，明确居家社区养老服务在实施过程中遵循的原则，介绍了国内外居家社区养老服务的政策及实践经验。

第二章是居家社区养老服务需求调研。本章以无锡市梁溪区城镇居民中的老年人及部分子女为调研对象开展问卷调查，针对老年人基本情况、老年人服务诉求、老年人满意度等问题进行了多维度的调研分析。并且根据上门服务和调研结果，总结归纳出提升和发展建议。

第三章是老年人能力评估。本章阐释了老年人能力评估的概念、指标、评估过程中遵循的原则以及进行老年人能力评估对各个主体的意义和价值。本章还介绍了老年人能力评估实施全过程的注意事项，评估结果的处理与应用，并提出老年人能力评估的发展方向。

第四章是居家社区养老服务的主要内容及要求。本章分别介绍了生活照料服务、安全守护和紧急救援、康复保健和健康管理、心理咨询和精神慰藉，以及个性化定制服务等各项居家社区养老服务的内容、要求和实施流程。

第五章是养老服务中心建设。本章介绍了养老服务中心建设的规范标准和建设依据，应配备的基本功能区、可以增设的特色服务功能区，以及各区的设施配置。

第六章是养老服务信息平台。本章介绍了养老服务信息平台的概念和基本功能、养老服务信息平台的必要性，以及养老服务平台的构建和应用。

第七章是居家社区养老服务的管理。本章介绍了居家社区养老服务机构的组织设置、基本岗位设置和职责、员工培训与考核，还介绍了居家社区养老服务机构的服务流程、制度建设以及常见风险防控和应急预案。

第八章是居家社区养老服务的监督与监管。本章介绍了居家社区养老服务机构的内部监督与考核体系、政府监管机制，同时还阐述了第三方评估的概念、优点与原则。

第九章是社区嵌入式养老机构和"物业服务+养老服务"。本章根据国家及地方政府政策方向引领，分别介绍了社区嵌入式养老机构和"物业服务+养老服务"这两个概念的内涵、特征形式和探索优势。

第十章是家庭养老照护床位。本章介绍了家庭养老照护床位的概念与功能以及在服务机构、制度建设、信息化建设等方面的管理要求，并且以无锡市的实践经验为例，介绍了家庭养老照护床位的办理流程、监管与控制，最后还分析了家床建设的痛点和建议措施。

第十一章是医养结合和长期护理保险制度。本章介绍了医养结合的提出背景和概念、遵循的基本原则、主要形式以及医养结合与居家社区养老服务的结合，解析了长期护理保险制度的概念和政策，辨析了基本医疗保险、长期护理保险与商业保险的区别，介绍了青岛市和南通市长期护理保险制度的试点经验。

第十二章是志愿服务与时间银行。本章介绍了志愿服务的定义、注册管理流程、回馈制度和意义，以及时间银行的概念、试点经验、实践意义、未来发展。

《居家社区养老服务》编写组
2023 年 10 月

目录 / CONTENTS

第一章

居家社区养老服务概述

《2022 年民政事业发展统计公报》显示，截至 2022 年底，全国 60 周岁及以上老年人口 28004 万人，占总人口的 19.8%，其中 65 周岁及以上老年人口 20978 万人，占总人口的 14.9%。截至 2022 年底，全国共有各类养老机构和设施 38.7 万个，养老服务床位合计 829.4 万张。其中，注册登记的养老机构 4.1 万个，比上年增长 1.6%，床位 518.3 万张，比上年增长 2.9%；社区养老服务机构和设施 34.7 万个，共有床位 311.1 万张。由养老服务总床位 829.4 万张（含社区老年人日间照料中心托老床位）、老年人口 28004 万人可测算出，2022 年我国每百名老年人拥有养老床位 2.96 张。

面对快速增长的养老服务需求，我国养老机构入住率却不高。《2021 中国民政统计年鉴》显示，截至 2020 年末，我国注册登记的养老机构 3.82 万个，养老机构床位 488.2 万张，年末在院人数 222.4 万人，可测算出我国养老机构的入住率约为 45.6%。也就是说，2020 年我国养老机构养老院床位有 50% 的空置率。按当年全国老年人口 2.64 亿计算，入住养老院的老年人仅占 0.84%，即使养老机构 488.2 万张床位全部住满，也仅仅占老年人口的 1.85%。

从以上数据可以看出，目前我国 98% 以上的老年人选择了居家养老。随着高龄、失能老年人的不断增长，需要照顾服务的老年人越来越多，因此大力发展居家社区养老服务，是加快实施积极应对人口老龄化国家战略的重要抓手，是完善高质量养老服务供给体系的组成部分，也是提升广大老年人获得感、幸福感的重要举措，居家社区养老服务日益成为养老服务体系建设的重中之重。

第一节　居家社区养老服务的概念解析

一、居家社区养老服务概念

《中华人民共和国老年人权益保障法》提出："地方各级人民政府和有关部门应当采取措施，发展城乡社区养老服务，鼓励、扶持专业服务机构及其他组织和个人，为居家的老年人提供生活照料、紧急救援、医疗护理、精神慰藉、心理咨询等多种形式的服务。对经济困难的老年人，地方各级人民政府应当逐步给予养老服务补贴。"

2013 年，《国务院关于加快发展养老服务业的若干意见》（国发〔2013〕35 号）提出："服务体系更加健全。生活照料、医疗护理、精神慰藉、紧急救援等养老服务覆盖所有居家老年人。符合标准的日间照料中心、老年人活动中心等服务设施覆盖所有城市社区，90%以上的乡镇和60%以上的农村社区建立包括养老服务在内的社区综合服务设施和站点。"

2021 年，《中共中央　国务院关于加强新时代老龄工作的意见》要求，"实施积极应对人口老龄化国家战略，把积极老龄观、健康老龄化理念融入经济社会发展全过程"，"构建居家社区机构相协调、医养康养相结合的养老服务体系和健康支撑体系，大力发展普惠型养老服务，促进资源均衡配置"，"创新居家社区养老服务模式。以居家养老为基础，通过新建、改造、租赁等方式提升社区养老服务能力，着力发展街道（乡镇）、城乡社区两级养老服务网络，依托社区发展以居家为基础的多样化养老服务。地方政府负责探索并推动建立专业机构服务向社区、家庭延伸的模式。"

《中国大百科全书·社会学》把"社区"定义为"以一定地理区域为基础的社会群体"。"社区"的概念不仅包括社区居民委员会管理的地域，还包括街道（乡镇）、城区（县）、地级市所辖的区域范围。本书所讲的"社区"，主要指社会基层管理组织所辖的范围。

居家社区养老服务是指由地方政府和有关部门鼓励扶持的社区服务组

织（专业服务机构及其他组织）为居家的老年人提供生活照料、紧急救援、医疗护理、精神慰藉、心理咨询等多种形式的服务。

二、居家社区养老服务的对象

一般来讲，辖区（服务范围）内常住人口中 60 岁及以上的居家老年人都是居家社区养老服务的对象，在实际工作中可分为两类。

一是政府兜底的对象，即特殊困难老年人群体。这类对象是居家社区养老服务的重点，各地规定不尽相同。从江苏省的实践来看，一般包括分散供养特困人员，低保对象，建档立卡低收入人员家庭中的老年人，经济困难的失能、高龄、独居老年人，重点优抚对象，计划生育特殊扶助对象家庭中的老年人。

二是除政府兜底对象之外的其他老年人群体。居家社区养老服务也应面向社会大众，为其提供成本可负担、方便可及的养老服务，确保人人享有基本养老服务。

《"十四五"国家老龄事业发展和养老服务体系规划》提出"兜好底线、广泛普惠"的基本原则，其中"兜好底线"的对象，一般由地方各级政府作出具体规定。

三、居家社区养老服务的主体

《"十四五"国家老龄事业发展和养老服务体系规划》提出："多方参与，共建共享。坚持政府、社会、家庭、个人共同参与、各尽其责，弘扬中华民族孝亲敬老传统美德，巩固家庭养老的基础地位，打造老年友好型社会。"《中共中央　国务院关于加强新时代老龄工作的意见》要求"地方政府负责探索并推动建立专业机构服务向社区、家庭延伸的模式"，"引进护理专业机构开展居家老年人照护"。《国务院关于加快发展养老服务业的若干意见》指出"以政府为主导，发挥社会力量作用"，"逐步使社会力量成为发展养老服务业的主体"。《中华人民共和国老年人权益保障法》明确"鼓励、扶持企业事业单位、社会组织或个人兴办、运营养老、老年人日间照料、老年文化体育活动中心"。《国务院办公厅关于推进养老服务发展的意见》提出"支持养老机构规模化、连锁化发展","对已经在其他地方取得营业执照的企业，不得要求其在本地开展经营活动时必须设立子公司……非营利性养老机构可在其登记管理机关管辖区域内设立多个不具备法人资格的服务网点"，"全面落实外资举办养老服务机构国民待遇"，等等。

归纳起来，依法办理市场主体登记或者社会服务机构登记的组织，均可成为居家社区养老服务的主体。

居家社区养老服务的主体可以是营利性的企业，也可以是非营利性的社会组织。国家鼓励专业机构服务向社区、家庭延伸，也鼓励外资投资兴办居家社区养老服务机构。

第二节　居家社区养老服务实施原则

一、以人为本、老年人至上原则

居家社区养老服务必须以老年人为中心，要弘扬中华民族孝亲敬老的传统美德，"老吾老以及人之老"，对待老年人要像对待自己的长辈一样，带着情感，用心服务，文明礼貌；要以老年人的需求为导向，急老年人所急，帮老年人所需，不断解决老年人生活中急难愁盼的问题，使社区的居家老年人有更多的获得感、幸福感和安全感；要尊重老年人的意愿，按照老年人的意愿提供生活服务，不可主观臆断、包办代替；要帮助、鼓励老年人自己完成力所能及的活动或工作；要保障老年人的个人隐私和尊严，不得侵犯老年人的人身权利；要始终把老年人的安全放在第一位，在服务中要确保老年人的安全。

二、服务第一、效益第二原则

居家社区养老服务机构要摆正服务与效益二者之间的关系，把为老年人服务放在第一位，把效益放在第二位（这里的效益主要是指社会效益，经济效益更要排在后面），而不能颠倒过来。若把经济效益放在第一位，处处考虑怎么赚钱，是做不好、做不成的，只能是一锤子买卖。只有把服务放在第一位，一心一意地为老年人做好服务，让老年人满意，受老年人欢迎，获得好的口碑，这样的居家社区养老服务才可能持续做下去、做得长久，才能取得好的社会效益和经济效益。服务当头，效益寓于其中，这也是居家社区养老服务机构与一般企业的区别。

三、重点兜底、兼顾普惠原则

目前我国居家社区养老服务的对象，主要分两大类：一是政府兜底的对象，即特殊困难老年人群体，二是其他老年人群体。其中，兜底的老年人是政府优先保障的服务对象，基层政府一般通过招标选择居家社区养老服务机构，向机构购买服务，并且监督居家社区养老的服务质量。因此，无论是从政府还是从服务机构的角度看，政府兜底对象都是居家社区养老服务的重点人群。同时按政府的要求，居家社区养老服务机构应大力发展面向社会大众的普惠性养老项目，满足老年人群体多层次、多样化的服务需求，为广大老年人群体提供方便可及、价格可负担、质量有保障的养老服务，增强人民群众的获得感、幸福感和安全感。

四、专业化原则

居家社区养老服务必须坚持专业化服务的原则，服务机构要加强全体服务人员的专业培训，服务人员均应经过专业技术培训并取得专业资格证书，如养老护理员培训、家政服务员培训、社会工作师培训等。未经专业培训、无资质的服务人员禁止上岗，以免服务过程中给老年人带来不适甚至伤害。

五、规范化原则

居家社区养老服务应符合国家相关标准和规范，确保服务质量。社区老年日间照料中心、老年活动中心、社区养老服务设施的建设应符合《老年人照料设施建筑设计标准》（JGJ 450—2018）、《社区老年人日间照料中心设施设备配置》（GB/T 33169—2016），居家社区养老服务应符合《社区老年人日间照料中心服务基本要求》（GB/T 33168—2016）、《居家养老服务规范》（SB/T 10944—2012）、江苏省地方标准《居家养老服务规范》（DB32/T 1644—2010）。

第三节　国内外居家社区养老服务的经验

一、国外居家社区养老服务的经验

（一）日本的介护保险

日本社会在 1970 年进入老龄化社会（65 岁及以上老年人占总人口的 7%以上），1994 年进入高龄社会（65 岁及以上老年人占总人口的 14%以上），2007 年进入超高龄社会（65 岁及以上老年人占总人口的 21%以上）。预计到 2035 年，日本 65 岁及以上老年人比例将达到总人口的 33.7%，每三个日本人中就有一个是 65 岁及以上的老年人。日本社会的老龄化程度非常高，老龄化速度也非常快。

1963 年，日本制定了《老年福祉法》，首次使用了"介护"这一概念。

1989 年，日本制定了《高龄者保健福祉推进 10 年战略（1990—1999年）》，称为《黄金计划》。1994 年，对《黄金计划》作了修改和补充，称为《新黄金计划》。2002 年，日本进一步制定了《21 世纪高龄者保健福祉推进战略》，又称《21 世纪黄金计划》。根据《新黄金计划》，到 2020年，日本拥有居家养老支援中心 1 万个、家访护理员 17 万人、家访看护站5000 个、日托站 1.7 万个、短期托老所床位 6 万张、特别养护老年人之家床位 29 万张、老年人保健设施床位 28 万张、看护之家床位 10 万张。

日本绝大多数的养老服务机构（包括居家社区养老服务机构），登记为"社会福祉法人"。在同一个地区，同一个法人可以连锁多个服务机构。只有极个别的营利性养老机构登记为企业法人。

1997 年，日本开始制定《介护保险法》。2000 年，开始全面实施介护保险制度。介护保险制度是一个专门为失能老年人（含 40 岁及以上的残疾人）提供护理服务的保障制度。制度设计全面完整，每个环节都有具体细致的规定。40 岁及以上参加医疗保险的日本人必须参加介护保险。

介护保险的出资比例，除了利用者负担的 10% 以外，40 岁以上的人还要负担介护保险费的一半，另一半则由国家、都道府县、市町村以税金（公费）形式来负担。介护费用总额中去掉利用者负担的部分（10%），剩下的部分（90%）就是由被保险者的保险费和公费各自负担一半的数额。在被保险者负担的 50% 中，65 岁及以上的第 1 号被保险者负担 17%，40~64 岁的第 2 号被保险者负担 33%。其余的由公费负担的 50% 里面，市町村负担 12.5%，都道府县负担 12.5%，国库负担 20%，国家调整交付金负担 5%，详见表 1-1：

表 1-1　日本介护保险的出资比例（2000 年）

介护服务所必要的费用（介护报酬）						
介护给付费 90%						利用者负担 10%
介护保险给付费						
65 岁及以上被保险人负担 17%	40~64 岁被保险人负担 33%	市町村负担 12.5%	都道府县负担 12.5%	国库负担 20%	国家调整交付金 5%	

（此表参考《日本介护保险》，中国劳动社会保障出版社，2009 年）

随着退休人员数量的变化，这个比例也略有变化。

退休人员的保险费缴纳金额从高收入到低收入分 11 个档次，即高收入的退休人员要多缴，但最高不超过标准档缴费金额的 50%，低收入退休人员少缴，但最低不低于标准档缴费金额的 5%。

在职人员的缴费金额与其加入医疗保险档次挂钩，根据医疗保险计算方法核定收取费用，介护保险支持的居家服务种类见表 1-2。

表 1-2　介护保险支持的居家服务种类

1. 上门护理	9. 住宅无障碍改造
2. 定期巡访	10. 短期入住照料
3. 上门助浴	11. 短期入住疗养护理
4. 上门护士服务	12. 短期入住认知症护理
5. 上门康复训练	13. 短期特别设施入住护理
6. 在日间照料中心护理	14. 夜间上门护理
7. 在中心进行康复训练	15. 短期入住认知症专门设施护理
8. 福利用具租借	16. 小规模多功能居家护理

每种服务对应不同的价格标准。

介护保险申请程序：①向市町村提出申请。②介护保险委派调查员上门调查评估，主治医师出具意见书，须有生活机能低下直接原因的病名（16 种疾病）。③一次判定，根据调查评估和主治医师意见书，推算护理总量和服务上限额；二次判定，护理认定审查会通过。④通知申请人，选择护理服务机构。⑤与护理服务机构签订服务合同。⑥介护保险监督服务管理。

根据老年人身体功能状况，经评估核定，介护保险护理费用结算分七个等级：对应七档不同的最高限额。如果所接受的服务在限额以内，个人只需支付 10%~20%，其余 80%~90% 由介护保险承担。接受服务超过最高限额的部分，由个人支付。①

（二）北欧的老年人照顾服务

瑞典、丹麦、挪威、芬兰和冰岛，一般被称作北欧五国，2016 年的统计资料显示，北欧五国总人口 2660 万，65 岁及以上老年人 502 万，65 岁及以上老年人占总人口的比例为 18.9%。根据联合国的相关标准，65 岁及以上老年人口占总人口的 7% 以上称为"老龄化社会"，超过 14% 称为"老

---

① 以上关于日本的资料，根据笔者与日本大阪大学水野博达教授交流的讲稿整理。

龄社会"，超过21%则是"超老龄社会"。由于人口老龄化和少子化（人口出生率越来越低），因此北欧五国已经进入超老龄社会。

北欧五国又被称为"福利国家"，实行"高税收、高福利"政策和"从摇篮到坟墓"无所不包的社会福利制度。税收的种类名目繁多，以丹麦为例，有个人所得税、消费税、企业税、房地产税、遗产税，甚至还有香烟税、食糖税、脂肪税、赠礼税等。而且税率不低，个人所得税最高60%，平均在40%以上。商店里的商品销售时要加收25%的消费税。赠送礼物，包括给子女的礼物，超过一定数额就要征收15%的礼品税。

老年人的照顾服务是北欧社会福利的重要内容，笔者专门考察过瑞典、丹麦的养老服务。北欧的老年人照顾服务比较丰富，内容涵盖老年人生活的方方面面，包括各种形式的养老院、日间照料中心、老年活动中心、老年人家庭访问、家庭照顾服务、上门护士服务、陪伴服务、送餐服务、的士送医服务、失能失智者援助、老年人牙科保健、老年人求助热线、精神疾病服务、特殊人群特别监护服务、健康关怀培训、家庭临终关怀等。所有的服务都必须向基层政府养老金和关怀办公室提出申请，经过批准才可以享受。

瑞典、丹麦有许多老年人日间照料中心，日间照料中心为老年人提供多种多样的活动和服务，有唱歌、跳舞、看录像等各种娱乐活动、兴趣小组和康复训练等。日间照料中心出售各种冷热饮、食品等。服务申请经过批准后，老年人可成为日间照料中心的成员，只需象征性地缴纳很少的费用。所有的养老服务项目平均计算下来，老年人只需支付4%的费用，其余96%的费用由各级政府承担。

养老服务的提供者，除少量的私营机构外，大多数是社会组织建立的非营利机构，如瑞典皇家基金会、基督教会等。

为了有效应对老龄化冲击，北欧国家近年来采取了一些新的举措：

一是提供多样化养老服务。除了传统的居家养老、日间照料、24小时看护等养老服务外，北欧国家近年来探索了一些创新的养老服务。首先是预防性养老服务，除传统医疗保健外，医生还会为老年就诊者设计有针对性的体育锻炼方案，并跟踪评估实施效果；广泛推行老年人防摔倒宣传活动，并将上门挂窗帘、换灯泡等纳入市政服务体系，尽量降低老年人意外受伤的概率。其次是监护居住服务，规划并建设一批以行动便利、安全易用为首要目的的老年住宅，提供给老年人租住，住宅内配备无障碍设施和医疗监控、电子呼叫等设备，租户可随时请求上门护理服务。最后是互助养老服务，在社区建立互助养老中心，并提供一定资金帮助生活尚能自理的老年人共同生活、相互照料。

二是改革养老照料体系。人口老龄化最突出的问题之一是老年人的护理和照料问题。在北欧的福利制度体系下，绝大部分所需资金来自中央拨款和地方政府税收，只有极少部分来自老年人的个人缴费。以瑞典为例，2014年养老护理照料支出总额约为127亿美元，其中仅4%来自个人缴费，与此相对应，传统上的北欧养老护理照料机构多为公立机构。为了提高资金使用效率，促使公立机构改进服务，北欧国家近年来纷纷实行"养老券"制度，老年人持政府发放的"养老券"购买养老机构的服务，养老机构再凭养老券向政府领取资金。此举改变了政府预先向公立机构直接拨款导致其干好干坏一个样、没有竞争压力的局面，也为在相关行业中引入私营机构参与竞争创造了条件，目前瑞典私营机构所提供的居家养老服务已经占总额的1/4。

三是积极鼓励民众推迟退休。北欧各国将延迟退休视为应对老龄化挑战的重要手段。与此同时，为进一步保持社保缴费规模、降低支付压力，北欧各国近年来严格控制职工提前退休，取消了一系列原有的提前退休规定，法定退休年龄逐步从65岁推迟到70岁。

（三）美国的养老社区

美国社会同样面临严重的老龄化问题，据美国最新人口普查结果，在3.3亿人口中，65岁及以上的老年人口5400万，占总人口的16.5%。预计到2030年，65岁及以上的老年人口将达到7400万。与我国相比，美国进入老龄化社会比我国早近50年，但老龄化的速度没有我国快，老年人口总量没有我国大。

在我国，"养老社区"一般是指老年住宅加配套服务，俗称"养老地产"。而美国"养老社区"的概念，哪怕只是一栋楼，无论多少老年人群体生活在一起，都可以称作"养老社区"。所以，美国讲的"养老社区"通常包括了养老院、护理院等养老机构。这里介绍的"养老社区"特指"老年住宅加配套服务"。

由于历史的原因，美国的社会保障体系和老年社会福利制度没有欧洲完善，美国的老年人福利主要分为两大类：一类是"优待"，另一类是"补贴"。如乘车减价优待、申请免除房租涨价优待、地产税减免优待、电话基本费减价优待、水电暖气费补贴、发放食品券、医疗救助补贴、残疾补贴、公共住房补贴，等等。申请补贴有一系列规定和资格要求，如必须是美国公民和纳税超过 10 年且没有领取过任何政府补贴的合法移民，方可领取，老年人需 65 岁及以上或残疾，个人收入和资产低于一定数额等。

与欧洲和日本相比，美国政府对社会服务的支持是相对保守的。20 世纪 70 年代，美国在社会服务领域加快了私有化进程，80 年代，联邦政府减少了对社会服务的拨款，对非营利养老服务机构影响很大，其中有一些机构不得不转向私营公司，产业资本开始进入养老服务领域。美国的"养老社区"正是在这样的背景下发展起来的。经过近 50 年的发展，养老社区在美国已经比较成熟和完善，许多公司已经形成规模化、连锁化经营，有的已经在全美开发经营了几百家"养老社区"，有的已经成为华尔街的上市公司。

为了满足老年人不同群体的需求，美国的养老社区也分许多不同的类型，大致可分为以下几类。

活力老年人社区：最典型的当数"太阳城"，一般面向 52 岁及以上、生活可以自理的"准老年人"。配套设施一般以文化娱乐为主，如高尔夫球场、游泳池、商场、医院、教堂。住宅、配套设施、户外场地和道路都经过适老化建筑设计。这类养老社区一切活动的出发点是帮助老年人维持更长的自主生活的时间。养老社区的老年人住宅可租可售，有相当多老年人采取租房的方式住进养老社区。

居家援助养老社区：面向 75 岁及以上尚能自理的老年人。老年人住宅、配套设施、户外场地和道路等都经过适老化建筑设计。老年居民在拥有单独卫生间、单独厨房的套间里接受居家照顾服务。老年人可以选择自己开伙，也可以选择去快餐店。有专门的服务人员上门打扫室内卫生，还可以为有需求的老年人提供穿衣、洗澡、膳食等菜单式服务。

持续照料社区：面向 75 岁及以上老年人。一般分自理单元、半自理单元、护理单元，配套设施兼顾生活照料、文化娱乐、医疗康复等。这类社区的优点是，随着年龄增长，老年人自理能力下降，老年人无须因护理需求的变化而改变居住社区，老年人从入住到去世可以在一个社区居住，仅需要移动到不同的单元，就能够接受不同的照护服务。

老年经济适用房社区：一般由地方政府建设。62 岁及以上低收入老年人可以申请入住，租金约占退休金的 30%。老年人可享受政府有关低收入的福利补贴。社区中配备养老服务协调员，提供一定的养老服务支持。

自然形成退休社区：一般界定为社区内老年居民占比超过 50% 以上的社区。波士顿宾南社区是一个犹太人社区，在纽约犹太社区联合会资助下，宾南社区管理委员会与居民共同设计开展了一系列社区服务项目，包括保健运动、文化艺术讲座等活动。联系附近诊所社会工作者为老年人提供服务，并争取到政府拨款，这一养老模式也被称为"NORC 社区支持服务项目"（NORC-Supportive Service Program），简称"NORC-SSP"养老模式。到 2011 年，联邦政府共拨款 3000 多万美元，在全美 26 个州开展"NORC-SSP"项目试点，资助了 14 个示范点和 1 个技术支持中心，项目的成效得到了广泛认可。

二、国内居家社区养老服务的探索

（一）香港地区的安老服务

香港社会已步入快速老龄化时代。到 2021 年 6 月，香港 65 岁及以上老年人达到 135 万，占总人口的 18%。预计到 2029 年，香港 65 岁及以上老年人为 206.2 万，占总人口的 24.7%，也就是每 4 个香港人中就有一个是 65 岁及以上的老年人。

1997 年香港回归以后，特区政府把"照顾长者"作为施政三大策略目标之一，并成立了安老事务委员会，负责制定全面的安老政策，统筹各项安老服务的策划和发展工作，监察有关政策和计划的落实执行。特区政府开展了"长者对社区资源和住宿照顾服务的需求"调查。

2000 年以后，全港实行了安老服务统一评估制度，特区政府制订《安老服务规划》，提出着重发展"长者社区支援服务"，并规定 2 万人左右的社区要建一个长者服务中心，为长者和家庭提供一站式支援服务。特区政府采取一系列措施，在全港建立完善了 41 个长者地区中心、26 个长者日间护理中心、60 个长者活动中心、169 个长者邻舍中心、40 支长者支援服务队。特区政府把推动"积极乐颐年"和"居家安老"作为安老服务的两项重点工作。

2022 年，特区政府投入专项资金，开展了"长者中心设施改善计划"，改善全港 250 多个长者中心的环境和设施。同时赛马会慈善信托基金积极捐款，推进"赛马会智安健计划"，以支持长者中心设施改善计划，帮助添置服务长者需求的智能器材和设备。香港特区的居家社区安老服务体系日趋完善。

香港地区安老服务主要分为居家安老社区支援服务和院舍服务两大类。其中，居家安老社区支援服务是重中之重。社区支援服务，旨在帮助长者留在社区安享晚年，为长者家庭提供支援服务。香港的居家安老社区支援服务体系，主要由长者地区中心、长者邻舍中心、长者活动中心、长者日间护理中心和长者支援服务队构成。

长者地区中心：依据地区长者人数和服务需求不同，设立一个或多个中心，负责地区层面的长者社区支援服务。提供日间照顾服务，如：膳食和洗衣服务；教育、鼓励长者终身学习；义工发展，鼓励长者服务他人；个案管理，包括为长者提供心理辅导，处理抑郁、疑似虐老等个案；发挥联系协调地区各长者组织机构、更有效运用地区资源的作用。

长者邻舍中心和长者活动中心：基于邻舍层面的长者社区支援服务，包括膳食、洗衣、教育辅导、外展及社区网络、转介、护老者支援服务等。

长者日间护理中心：为经评估被认定为身体机能中度或重度受损且日间没有家人照顾的长者，提供膳食、照顾、护理、康复训练、社交活动以及接送医等服务。

长者支援服务队：设在长者地区服务中心内，服务对象为区域内独居且需照顾的长者。通过定期电话探访，了解长者的需求，协助长者处理短时间和简单的个人需要，如接送就医、处理简单的家务、介绍社区资源和转介服务等。

为了满足长者服务的多元化需求，特区政府鼓励发展非资助长者服务机构，即政府不投入资金，只对这类机构进行监管。非资助长者服务机构分两种：一是其资金来源于慈善捐款，这类机构一般不向长者收费，或者仅收取低廉的会员费；二是商业机构，这类机构向长者提供收费服务。

居家安老社区支援服务分两类：一是居家社区照顾服务，主要为经过评估而被确定为身体机能中度或重度受损，需要居家照顾的长者提供服务。内容包括护理计划，如测量体温、血压，护理失禁，呼吸、糖尿病以及感染控制，喂食、洗澡等，转介到日间护理中心，为长者安装紧急呼叫系统，提供 24 小时紧急支持服务，也为护老者提供支持服务。二是综合居家照顾服务，主要为特殊需要者提供居家照顾及清洁服务，居家照顾服务一般由专业服务机构提供。

十几年前笔者曾数次考察香港的社会服务，重点是安老服务，还参加过南京市组织的香港社区服务（香港称社会服务）培训班。当年内地同人常问香港同行一个问题，香港有多少公办养老机构？得到的答复是，香港近60%的安老机构为公办机构。香港没有政府直接运营的安老机构，大部分是由社会组织，如慈善组织东华三院、教会组织圣公会等非营利组织经营，香港社会福利署拨款支持并监管。有的内地同人认为这等同于内地的事业单位，但实际上，香港的安老机构与内地事业单位完全不同，本质上是"社会组织运营+政府购买服务"。

我们对公办养老机构的认识与欧洲和中国香港有较大不同，通常把各级政府举办的机构称为"公办"，而把社会组织举办的机构称为"社会办""民办"，并且与私营归为一类。实际上社会组织如慈善组织、教会组织等举办的机构，不属私人的，当然也不能算作私营。在香港大街上也可以见到有不少私人办的小型安老机构。

香港社会福利署认可并拨款的非营利安老机构，其经费来源的构成，社会福利署拨款平均要占70%，30%靠服务收费和社会募集。

（二）江苏的居家社区养老服务

根据第七次全国人口普查的结果，江苏省60岁及以上老年人口1850.53万，占常住人口总数的21.81%，高于全国3.14个百分点，其中65岁及以上老年人口1372.65万，占常住人口总数的16.2%，高于全国2.7个百分点。江苏已经进入中度老龄化社会。高龄老年人多，增长速度快，是江苏人口老龄化的显著特点。

江苏省委、省政府把养老服务体系建设作为积极应对人口老龄化、保障和提升人民生活水平、推动经济结构转型升级的重要内容，对全省的养老服务工作，尤其是居家社区养老服务部署早、行动快。

进入21世纪后第一个十年，省委、省政府在《关于加快我省老龄事业发展的意见》中明确要求，"依托社区大力发展居家养老服务"。省政府制订的《江苏省"十二五"老龄事业发展规划》明确了"城市社区居家养老服务中心（站）实现全覆盖，农村社区（村）居家养老服务中心站建成比例苏南达到90%，苏中达到80%，苏北达到70%以上"的目标任务。省民政厅和省老龄办制定了《社区居家养老服务中心（站）评估指标体系》。

21世纪第二个十年，省政府出台了《关于加快构建社会养老服务体系的实施意见》，颁布了全国首部综合性养老服务地方性法规《江苏省养老服务条例》。在全面完成"十二五"规划的基础上，制订并实施《江苏省"十三五"养老服务业发展规划》，并在全国率先建立了养老服务联席会议制度。

"十三五"规划对养老服务作出了全面部署，明确提出重点发展居家社区养老服务以及"推进居家养老服务综合资源工程""医养融合推进工程""养老服务队伍培养工程""智慧养老服务工程""老年宜居建设和改造工程""老年人精神关爱工程"等重点工程。还出台了《省政府关于全面放开养老服务市场提升养老服务质量的实施意见》《省政府办公厅关于制定和实施老年人照顾服务项目的实施意见》《省政府关于进一步推进养老服务高质量发展的实施意见》等制度性文件。有关部门密切配合，先后就建立养老服务制度、推进居家社区养老服务改革、促进居家社区机构相协调、统筹城乡养老服务发展、加快养老服务标准化建设、促进养老产业发展等方面出台了 40 余项具体举措，涵盖了养老服务各方面、各环节。

"十三五"期间，省政府累计投入养老服务经费 42.2 亿元，带动市县财政安排专项资金 130 亿元以上，并将养老服务纳入政府购买服务目录。落实经济困难老年人养老服务护理补贴，保障了困难老年人基本养老需求。全省范围建立城乡独居留守老年人关爱巡访制度，启动特殊困难老年人居家适老化改造工程，探索解决重度失能人员基本护理保障需求，7 个设区市建立了长期护理保险制度，参保人数达 2982 万人，14.7 万人享受保障。

江苏对应用智能化手段促进居家养老服务发展十分重视。苏州市的"姑苏区智慧居家养老服务"被确定为 2017 年度国家级服务标准化试点项目，扬州市的"三位一体"养老服务平台集 12349 服务热线、手机 App 和互联网于一体，为老年人提供各项居家养老服务。

江苏积极推动居家养老与医疗服务融合发展。南京、苏州、南通被确定为医养结合试点城市，在此基础上还出台了江苏省地方标准《社区居家医养结合服务规范》（DB32/T 4268—2022）。

全省 10 个设区市、25 个县（市、区）全面落实国家和省级居家社区养老服务改革创新试点任务，其中 9 个设区市获评"全国居家社区养老服务改革试点优秀地区"。全省共建有居家社区养老服务中心 1.82 万个、街道日间照料中心 589 个、老年人助餐点 7000 余个，260 万名老年人接受专业化居家上门服务。全省智慧养老服务平台实现县域范围全覆盖。全省 5 个地区被住建部等 5 部门命名为 "创建全国无障碍环境示范市县村镇"，7 个地区被命名为 "创建全国无障碍环境达标市县村镇"，江苏成为被表彰地区最多的省份。

2022 年 3 月，民政部办公厅、财政部办公厅公布 "全国居家社区养老服务改革试点工作优秀案例" 51 个，江苏有 4 个案例入选，分别是南京市鼓楼区的 "远程数字化管理家庭养老床位"、江宁区的 "智慧老年人助餐点"、南通市崇川区的 "医养结合全托照护" 和淮安市的 "小区配套养老服务设施"。

《江苏省 "十四五" 现代服务业发展规划》和《江苏省 "十四五" 养老服务发展规划》出台后，江苏进一步强化居家社区养老服务功能，夯实居家社区养老服务的基础性地位，开展 "居家社区养老服务能力提升三年行动"，打造 "15 分钟养老服务圈"，推广社区养老顾问，为老年人定制个性化居家养老服务清单，让老年人享有身边、家边、周边的居家社区养老服务。到 "十四五" 末享受政府购买居家上门服务的比例要达到 18%。

(三) 浙江的居家社区养老服务

浙江是全国最早进入老龄化的省份之一，早在 1987 年，浙江 60 岁及以上老年人口的比重就超过了 10%，早于全国 13 年进入了老龄化社会。2020 年，全省 60 岁及以上老年人口为 1207.27 万，比重为 18.70%；65 岁及以上老年人口已达 856.63 万，比重为 13.27%，老龄化程度位居全国第六。预计到 2025 年，浙江省老年人口将达到 1500 万，到 2030 年，每 3 个人中将有 1 位老年人。随着老龄化程度的加深，如何养老成为亟须解决的社会问题。

"十一五" 期间，浙江省委、省政府把 "优先发展社会养老服务" 摆上了重要议事日程，从 2006 年开始，浙江省人民政府连续两次召开会议，制定了《关于促进养老服务业发展的通知》(浙政办发〔2006〕84 号) 等文件，明确社会养老服务体系建设的总体目标、工作重点、政策保障以及组织队伍，率先在全国对社会化养老服务进行体系设计。

2008 年，浙江省人民政府出台《关于加快推进养老服务体系建设的意见》（浙政发〔2008〕72 号），明确提出要建立"以居家养老为基础、社区服务为依托、机构养老为补充，服务方式多元化、投资主体多样化、居家养老普及化、服务队伍专业化，覆盖城乡的养老服务体系"，得到了民政部的高度认可，并在全国范围内推广。在 2011—2014 年，浙江省针对养老服务业普遍专业化程度不高、服务项目缺少规范、服务管理缺乏统一标准、服务质量难以保障的现象，出台了一系列规范和标准，以规范化为着力点，以标准化为支撑，引领浙江养老事业高质量发展。如《居家养老服务与管理规范》（DB33/T 837—2011）、《浙江省农村社区（村）居家养老服务照料中心规范化建设指导意见》（浙民福〔2013〕246 号）、《养老机构服务与管理规范》（DB33/T 926—2014）、《浙江省城镇居家养老服务设施规划配建标准》（DB33/1100—2014）。

2015 年 1 月，浙江省第十二届人民代表大会第三次会议高票通过了《浙江省社会养老服务促进条例)，这是国内首部由省人民代表大会通过的综合性社会养老服务地方性法规，法规的出台为浙江省社会化养老服务工作的开展提供了强有力的法治保障，对于浙江省社会化养老服务体系的建设和完善具有划时代的里程碑意义。在《浙江省社会养老服务促进条例》颁布之后，浙江省又进一步出台了更为具体明确的政策操作方案和实施细则，明确了具体的规定和路径，完善了相关的规范和标准，保证社会化养老服务工作落到实处，其中包括加快政府购买养老服务的步伐。浙江省财政厅、省发展改革委、省民政厅联合出台《关于加快推进政府购买养老服务的意见》（浙财社〔2015〕193 号），将养老服务纳入政府购买服务的重要内容，向各类养老机构、社区居家养老服务照料中心、居家养老服务组织等购买养老服务，重点选取生活照料、康复护理和养老服务人员培养等方面。

到 2020 年，浙江省已全面建成"以居家为基础、社区为依托、机构为支撑，功能完善、布局合理、规模适度、覆盖城乡"的养老服务体系，形成"9643"的养老服务总体格局，即96%的老年人居家接受服务，4%的老年人在养老机构接受服务，不少于3%的老年人享有养老服务补贴。

浙江省地理特征复杂，从浙北平原到浙南山区，从浙东海岛到浙西峡谷，山河湖海无所不有。衢州、丽水等地的部分山区和舟山的部分海岛，不仅交通不便，各个自然村落的分布也较为分散，而且老龄化程度较高，经济发展相对落后，专业养老资源和能力匮乏。这些海岛、山区、农村老年人的养老问题非常突出。浙江省创新海岛支老、山区助老、银龄互助、养老服务驿站等养老模式，加强政策引导力度，加大资金投入，凝聚各方力量，让山海老人也能实现老有所养，安度幸福健康的晚年生活。

浙江省根据全省老年人口持续增长的实际情况，充分考虑经济社会发展水平及城乡区域的发展差异，为社会养老服务体系的建设创建了稳定的经费投入保障机制。目前，浙江省省级养老服务体系建设专项资金由2012年的2.37亿元增加到2022年的9.5亿元。省本级福利彩票公益金用于养老服务的比例在50%以上。

在居家养老服务方面，浙江省积极应对人口老龄化新形势，从居住环境、服务便利、科技赋能等方面，探索改善居家养老环境新举措，不断完善创新社区居家养老服务网络，健全居家养老服务体系，形成了适老化改造的"浙江样本"，破解了旧楼装电梯的重重阻碍，打造了养老服务上门的"幸福圈"，开拓了科技赋能养老的"生态圈"，拓宽了居家养老的服务边界，推动了居家养老服务质量的高效提升，使老年人更加安心于居家养老。

第二章

居家社区养老服务需求调研

在当下的中国，居家社区养老仍然是最基本且最重要的养老方式，与之相对应的居家社区养老服务也日益受到社会各界的关注与重视。居家的老年人养老服务需求情况如何？在种类繁多的养老服务项目中，最受老年人欢迎的服务项目有哪些？还有哪些服务是老年人有需求但还没有供给的？老年人对享受到的养老服务满意度如何？这些问题都应该引起重视。为此，定期开展服务需求调研，并针对调研结果加以分析研究，是开展居家社区养老服务工作中的一项重要任务，有利于相关部门和机构更好地为老年人提供养老服务。

第一节　数据来源与样本特征

一、数据来源

本次调研走访的老人用户样本分布于南京市鼓楼区、苏州市相城区、无锡市梁溪区、台州市玉环县、池州市贵池区城镇居民，首先对参与调研的老年人进行了一些筛选，选择具有自理能力且意识表达清楚的老年人，并对部分老年人子女进行了问卷调查，总计1383户（人），其中男性用户633人，女性用户750人，女性调研人数比男性高出8.46%。

表 2-1　调研老年人性别比例

选项	小计	比例
男	633	45.77%
女	750	54.23%

二、样本特征

居住状态：独居空巢比例较高，合计占 70.64%，与子女一起生活的仅占 25.96%。

表 2-2　调研老年人居住状态

老年人居住状态	小计	比例
独居	468	33.84%
与老伴生活	509	36.8%
与子女生活	359	25.96%
其他	47	3.4%

收入状况：98.84% 的老年人有收入来源，55.24% 的老年人收入在 3000~5000 元，有支付能力，但支付能力不强。

表 2-3　调研老年人目前收入情况

目前有收入来源吗	小计	比例
有	1367	98.84%
无	16	1.16%

表 2-4　调研老年人收入金额

目前一个月的收入	小计	比例
0 元	7	0.51%
1000 元以下	24	1.74%
1000~3000 元	416	30.08%
3001~5000 元	764	55.24%
5000 元以上	172	12.44%

第二节 变量选择与描述性分析

一、服务需求分类

在助洁、助浴、助行、助医、助餐、助购这些服务项目中，助洁类服务最为普及，其中有97.4%的老年人选择了此项服务。随着年龄的增长和身体机能的退化，老年人原本力所能及的一些事情，比如在家打扫卫生之类的，就有些力不从心，需要人帮助。针对老年人需求大的服务项目，服务机构应不断做好员工技能培训，提升服务标准，这样可以让老年人享受到更高质量的服务，可以大大提升老年人的体验感和满意度。

表2-5 调研老年人需求服务项目

您需要的服务项目是什么	小计	比例
助洁（居室清洁、理发修脚等）	1347	97.4%
助浴（协助助浴、专业助浴）	51	3.69%
助行（陪同散步、陪同外出）	74	5.35%
助医（就医陪护、代为配药等）	114	8.24%
助餐（送餐、烹饪、协助就餐）	252	18.22%
助购（代办服务、代购物品等）	63	4.56%

二、服务需求占比

健康服务诉求：59.51%的老年人选择了专业人员定期上门健康检查。

表 2-6　调研老年人健康服务诉求

您感兴趣的健康服务有哪些	小计	比例
专业人员定期上门健康检查（包括测量血压、血糖、心率、体温等）	823	59.51%
加装智能设备 24 小时非打扰式监测健康数据	63	4.56%
健康档案管理	198	14.32%
远程问诊	110	7.95%
慢性病管理	90	6.51%
健康咨询	17	1.23%
送药上门	110	7.95%
推拿按摩	245	17.72%
其他	621	44.9%

　　社区养老服务诉求：49.1%的老年人选择社区集中式理发，32.25%的老年人选择健康义诊。值得注意的是，有 43.89%的老年人选择了"其他"，可见了解老年人对社区的养老服务活动需求及期望是做好养老服务的关键工作之一，目前的社区养老服务项目还有很大的空间。

表 2-7　调研老年人社区养老服务诉求

您对以下哪些社区养老服务活动感兴趣	小计	比例
社区集中式理发	679	49.1%
健康讲座	230	16.63%
健康义诊	446	32.25%
兴趣培训班	44	3.18%
手工制作	18	1.3%
文娱活动	165	11.93%
其他	607	43.89%

对政府购买服务的了解程度：100%的老年人已知悉自己享受的政府购买服务的服务工时。

表2-8　调研老年人对服务项目抵扣工时的了解程度

您知道您所享受的政府购买服务的服务工时吗	小计	比例	
知道	1383		100.00%
不知道	0		0.00%

老年人满意度测评：99.71%的老年人对服务整体表示满意，100%的老年人对我们的工时结算和服务项目类型满意。

表2-9　调研老年人总体服务满意度测评

请您对我们的服务作出评价	小计	比例	
不满意	0		0.00%
一般	4		0.29%
满意	407		29.43%
非常满意	972		70.28%

表2-10　调研老年人工时结算满意度

您对我们的工时结算满意吗	小计	比例	
不满意	0		0.00%
满意	1383		100%

表2-11　调研老年人服务项目类型满意度

您对我们的服务项目类型满意吗	小计	比例	
不满意	0		0.00%
满意	1383		100%

除了现有的服务项目，其他的服务项目也要多向老年人进行宣传，通过进一步沟通，了解老年人的真实需求。如助餐服务需求就存在很大市场，调查显示，32.97%的老年人有这方面的需求，63.99%的老年人希望有集中就餐的食堂，58.35%的老年人关于助餐的心理价位在5~10元，24.58%的老年人表示晚餐也需要助餐服务。

表2-12　调研老年人总体助餐需求

您目前有助餐的需求吗	小计	比例
有	456	32.97%
无	927	67.03%

表2-13　调研老年人期望助餐服务类型

如果提供助餐服务，您希望享受哪种助餐服务	小计	比例
社区站点集中就餐	885	63.99%
每日送餐上门	498	36.01%

表2-14　调研老年人可接受助餐价格标准

您能接受什么价格的餐费标准	小计	比例
5元以下	121	8.75%
5~10元	807	58.35%
10元以上	455	32.9%

表2-15　调研老年人晚餐需求状况

除了午餐以外，您是否有需要提供晚餐的需求	小计	比例
有	340	24.58%
无	1043	75.42%

投诉处理情况：99.93%的老年人并未投诉，有投诉且及时处理的占0.07%，有投诉且未处理的占0%，投诉均已跟进解决。

表2-16 调研老年人投诉处理情况

我们的投诉建议热线是81812349，之前有无投诉，如有投诉，是否已及时处理	小计	比例
无投诉	1382	99.93%
有投诉，及时处理	1	0.07%
有投诉，未处理	0	0.00%

三、调研结果分析

此次调研针对老年人基本情况、老年人服务诉求、老年人满意度等问题进行了多维度的调研分析。根据调研数据，可以自查自纠，复盘上一阶段的服务工作，以期制定出更符合实际情况、符合老年人需求的服务内容及服务标准。

根据本次调研数据统计，上门服务中的生活照料、健康服务中的定期上门健康检测、社区服务中的集中理发是目前最受老年人欢迎的服务项目，绝大部分老年人对我们目前的服务工作非常满意。今后的工作中仍要组织助老员加强业务学习，夯实业务基础，提高服务能力，继续保持或提高老年人的满意度。

一是加强服务团队建设。以企业精神为引领，从建强队伍、落实制度、强化保障三个方面入手，提升服务标准化、规范化建设水平。按要求完成服务工作，优中选优，对经验丰富、业务娴熟的助老员进行表扬。从压实服务工作责任着手，进一步细化服务队伍管理层的目标责任，确保服务工作全程有人抓、有人管。

二是健全完善工作机制。从完善机制入手，做到年初有规划、一季一谋划、月月有计划。坚持月中、月末议事，研究确定各部门的工作任务，并加强与社区的合作，保障居家社区服务工作有条不紊地进行，各项制度严格执行到位。

三是加快市场服务开拓。从解决老年人迫切关心的用餐问题入手，坚持政府推动、市场运作、社会参与，结合老年人的支付能力、送餐需求情况，推出符合老年人需求的助餐服务内容，早日为老年人解决就餐难题。

四是谋划技术创新思路。在社区养老服务活动调研中，43.89%的老年人选择了"其他"项，在保留现有如理发、健康筛查等受欢迎的项目基础上，还需推陈出新，丰富活动内容，让社区养老服务一年比一年扎实、一年比一年深入、一年比一年更有成效，以此提高老年人的幸福感和满意度。

第三节　基于调研结果的相关建议

服务机构在开展居家社区养老服务的过程中，需要定期开展养老服务需求调研及满意度调研，只有这样才能更加贴近服务对象、更加了解老年人心声。根据上门服务和调研结果，总结归纳了以下建议。

一、不断丰富服务内容

发展老年人事业和产业，构建和谐社会，提升老年人生活质量，丰富老年人的精神生活，保障老年人的合法权益，是全社会的共同责任。随着时代的发展和老年人生活水平的提高，居家社区养老服务的内容也应不断发展和丰富。

二、严格实行工单分类

在居家社区养老服务中，不同服务的技术含量不同，不能"一刀切"，而是要区分技术工单和非技术工单，如衣物洗涤、助行、助购、陪聊等就属于非技术工单，而法律援助、心理咨询、康复保健等对服务人员的资质和专业度要求高的服务项目，属于技术工单。技术工单和非技术工单在计价上应该予以区分，对技术工单实行计件制，设立不低于市场价的服务价格，这样可以更好地鼓励专业人士从事居家社区养老服务中的技术类服务工作。

三、创新开展社区活动

在居家社区养老服务中，积极组织开展适合老年人的文化体育娱乐活动，引导老年人参与社区服务、公益活动和健康知识培训，丰富老年人精神文化生活。通过开展多种多样的社区活动，如社区集中式理发、健康讲座、健康义诊、兴趣培训班等，将老年人凝聚到一起，不仅可以让老年人感受到政府的关爱，还为老年人创造了互相交流的机会，尤其是可以给独居老年人带来很大的精神慰藉。

四、大力发展志愿队伍

大力发展居家养老服务的志愿者组织和志愿者队伍，通过宣传动员，组建由社区党员、热心人士、邻里居民、健康低龄老年人组成的志愿为老服务队伍。在居家社区养老服务中，可以加强志愿服务宣传，组建老年志愿者队伍，让部分有意愿参与社区志愿服务的低龄健康老年人，也可以在为老服务中贡献自己的一份力量。开展以老助老活动，发动年轻的活力老年人帮助高龄空巢独居老年人。

第三章

老年人能力评估

为深入贯彻《中华人民共和国老年人权益保障法》关于建立健全养老服务评估制度的要求，民政部《关于推进养老服务评估工作的指导意见》进一步明确，"建立健全养老服务评估制度，是积极应对人口老龄化、深入贯彻落实《老年人权益保障法》，保障老年人合法权益的重要举措；是推进社会养老服务体系建设，提升养老服务水平，充分保障经济困难的孤寡、失能、高龄、失独等老年人服务需求的迫切需要；是合理配置养老服务资源，充分调动和发挥社会力量参与，全面提升养老机构服务质量和运行效率的客观要求"。国务院办公厅《关于推进养老服务发展的意见》提出，要"完善全国统一的老年人能力评估标准，通过政府购买服务等方式，统一开展老年人能力综合评估，考虑失能、失智、残疾等状况，评估结果作为领取老年人补贴、接受基本养老服务的依据"。根据老年人能力评估结果，有针对性地设计、实施照护计划，以改善和维护老年人的自我照顾能力，可使其获得更高的幸福感和满足感。

第一节　老年人能力评估概述

一、老年人能力评估的概念和依据

老年人能力评估，是指对于需要接受养老服务的老年人，由专业人员依据相关标准，对老年人个体的自理能力、基础运动能力、精神状态、感知觉与社会参与等进行的分析评价工作。通俗来说，老年人能力评估有点类似体检，但体检的检查内容是人的健康或疾病状况，而老年人能力评估的主要内容是老年人独立生活的能力状况。这些能力包括老年人进食穿衣如厕洗澡等自理能力、行走上下楼梯等基础运动能力、精神状态、感知觉与社会参与等能力。通过老年人能力评估，可以判断一个老年人生活能否自理、需不需要人照顾以及在哪些方面进行照顾等情况。

2013 年民政部颁布的《老年人能力评估》行业标准为养老服务的科学化、标准化、制度化奠定了基础，具有较强的可操作性，受到养老服务行业的广泛认可。

但是由于近年来我国养老行业的飞速发展，尤其是医养结合养老服务和社区、居家养老服务的发展，行业标准已经无法满足当前养老服务行业发展的需要，在新的养老环境和形势下，国家标准《老年人能力评估规范》（GB/T 42195—2022）于 2022 年 12 月 30 日正式出台，将老年人能力评估领域的标准层级由行标上升为国标，为全国养老服务等相关行业提供了更加科学、统一、权威的评估工具。

《老年人能力评估规范》国家标准共 6 个部分，主要包括评估指标与评分、组织实施、评估结果以及 3 个附录。评估指标与评分包括指标得分、老年人能力等级划分、评估结果报告，组织实施包括评估环境、评估主体、评估流程，附录包括附录 A（规范性）老年人能力评估基本信息表、附录 B（规范性）老年人能力评估表、附录 C（规范性）老年人能力评估报告。标准的主要评估指标包括 4 个一级指标、26 个二级指标。条目加和计分，总分范围 0~90 分，得分越高，说明能力水平越好。标准将老年人能力分为能力完好、能力轻度受损（轻度失能）、能力中度受损（中度失能）、能力重度受损（重度失能）、能力完全丧失（完全失能）5 个等级。

二、新旧评估标准的对比

国家标准在原行业标准的基础上，对评估指标、计分标准、等级划分方法等方面作出了调整。

（一）指标数量的调整

从 2013 年版行业标准 4 个一级指标、22 个二级指标，最终经过数据验证修改为新标准 4 个一级指标、26 个二级指标。其中 2013 年版行业标准中日常生活活动、精神状态、感知觉与沟通、社会参与 4 个一级指标调整为新标准中自理能力、基础运动能力、精神状态、感知觉与社会参与 4 个一级指标。

（二）条目计分的调整

2013 年版行业标准中老年人能力评估计分方式由分别采用日常生活活动能力量表、简易认知分量表、认知功能量表和成人智残评定量表 4 个维度分别计分，判定维度等级后，再进行组合形成老年人能力评估结果判定初步等级。2022 年的国家标准根据指标的重要程度，对各指标的分数进行调整。为了理解方便，将得分含义进行反向表达，"0 分"代表完全障碍，"1 分"代表重度障碍，"2 分"代表中度障碍，"3 分"代表轻度障碍，"4 分"代表完全正常，条目加和计分，总分范围 0~90 分，得分越高，说明能力水平越好。

（三）老年人能力等级的调整

2013 年版行业标准中将老年人能力分为能力完好、轻度失能、中度失能、重度失能 4 个等级。在 2022 年国家标准中，充分考虑社区居家养老服务需要，需要在等级上区分绝对功能完好和伴随潜在风险的功能完好的老年人，因为对于后者功能维护和预防失能的意义更为重要，而对于重度受损者，区别重度受损严重程度，便于长期照护服务对接时，对于重度失能保障对象失能等级的再划分。因此，国家标准将老年人能力分为能力完好、能力轻度受损（轻度失能）、能力中度受损（中度失能）、能力重度受损（重度失能）、能力完全丧失（完全失能）5 个等级，较 2013 年版行业标准增加了"完全失能"。

三、老年人能力评估的指标说明

《老年人能力评估规范》共有一级指标 4 个，包括自理能力、基础运动能力、精神状态、感知觉与社会参与；二级指标 26 个，包括自理能力 8 个二级指标，基础运动能力 4 个二级指标，精神状态 9 个二级指标，感知觉与社会参与 5 个二级指标。

（一）自理能力

自理能力，指的是个体完成进食、修饰、洗澡、穿/脱上衣、穿/脱裤子和鞋袜、小便控制、大便控制、如厕等日常生活活动的能力。自理能力通过对 8 个二级指标的评定，将其得分相加得到分量表总分。

（二）基础运动能力

基础运动能力，是指个体完成床上体位转移、床椅转移、平地行走、上下楼梯等基础运动的能力。基础运动能力通过对 4 个二级指标的评定，将其得分相加得到分量表总分。

（三）精神状态

精神状态，是指个体在认知功能、行为和情绪等方面的表现。精神状态通过时间定向、空间定向、人物定向、记忆、理解能力、表达能力、攻击行为、抑郁症状、意识水平等 9 个二级指标的评定，将其得分相加得到分量表总分。

（四）感知觉与社会参与

感知觉与社会参与，是指个体在视力、听力、执行日常事务、使用交通工具外出、社会交往等方面的能力。感知觉与社会参与通过 5 个二级指标的评定，将其得分相加得到分量表总分。

四、老年人能力评估的原则

（一）客观公正原则

评估过程中要客观真实地反映老年人能力等级和养老服务需求，不要加入自己的主观臆断。

（二）科学规范原则

评估工作应严格遵守国家《老年人能力评估规范》，按照规范的要求来执行评估工作，统一评估流程和操作标准。

（三）安全隐私原则

评估时要注意保护老年人安全，尊重老年人隐私，若采取集中评估的方式，应在相对独立的空间内逐一开展评估。

（四）动态适时原则

老年人能力评估应为动态评估，在初次享受政策、接受服务或提出申请时进行初次评估。评估后若无特殊变化，至少每12个月定期开展一次评估。一旦出现特殊情况导致能力发生变化时，宜及时申请重新评估。要根据评估项目，合理确定评估时间，在优先保障评估质量的前提下，兼顾评估效率。对受年龄增长等原因影响较大的评估项目，应当进行持续评估。对首次评估确定为完全失能等级且康复难度大的老年人，可不再进行持续评估。

第二节　老年人能力评估的作用

一、对老年人及其家属的作用

第一，对老年人和家庭来说，能力评估已经列入国家基本公共服务标准，老年人根据需要参与评估，有助于了解自身的能力状况，更加合理地安排晚年生活，更有针对性地选择适宜的专业服务或者申请相关保障政策，保障自己的合法权益。通过评估等级的划分，家属可以根据老年人的身体状况，选择不同的养老方式。

第二，通过老年人能力评估了解老年人的需求后，老年人及其家属也可以根据老年人的能力状况，及时采取一些预防衰老的措施，改善身体机能，给予老年人更有针对性的照顾，还可以根据老年人不同的照护需求，为家居环境的优化和适老化改造等提供依据。

第三，家属了解了老年人的身体、疾病和精神状况后，可针对老年人的疾病和身体状态，提出不同的照护需求、制订更加精细的照护计划，给老年人提供最直接、最有效的养老服务。规范标准的养老服务让老年人更加舒心、放心。

第四，通过评估，老年人更加了解自己的身体状况，可以有效避免无谓的损伤，促进康复，提高生活自理能力。通过评估及时调整自己的护理照顾等级，便于实时转诊、转院、出院、减少医疗费用支出。

二、对养老服务机构的作用

按照养老机构相关管理规定，老年人入住养老机构首先要进行能力评估。对养老服务机构来说，可以根据评估结果更加准确了解每个老年人的服务需求，在征得老年人同意的前提下，制订个性化的照护服务方案，提高养老服务的适配性和效率，也能有效防范服务风险。

（一）合理制订照护服务计划

可以合理地指导养老服务机构根据老年人身体能力的不同情况，选择更有针对性的护理服务方案，制订更加科学的照护服务计划。

（二）为老年人提供个性化服务

通过老年人能力评估，了解老年人的身体状况和实际需求，根据每位老年人需求的不同，合理安排能够满足老年人个性化需求的服务人员，为老年人提供更好的服务。

（三）有效避免收费引起的纠纷

养老服务机构根据老年人能力评估的结果和能力等级来制定收费标准，可以有效避免因服务项目和收费标准不清晰引起的纠纷。

（四）有效避免资源浪费

通过老年人能力评估，可以及时掌握老年人身体能力情况，根据老年人身体能力调整护理等级或服务等级，让住院进行康复治疗的老年人及时出院、转院或转至普通的养老服务机构，可以减少对医疗和养老资源的浪费。

三、对政府部门的作用

对于政府有关部门来说，通过开展老年人能力评估，能够促进养老服务供需对接，提高政策措施的精准度。

（一）有助于科学规划，资源统筹

根据不同能力等级老年人的数量、比例、需求及趋势变化，可以提前做好养老服务发展的规划布局，将有限的社会资源作用发挥到最大效应，为政府部门制定养老服务政策提供科学依据。政府的基本养老服务目录清单的制定、居家养老购买服务项目的制定等，都需要了解老年人的身体能力，根据老年人群体的身体能力情况采取有针对性的政策措施，确保财政资金的有效利用和合理化支出。

（二）有助于政策找人，精准施策

"一人失能，全家失衡。"失能老年人照护是刚需，是养老服务的重点，许多政策主要针对失能老年人，在这个时候，老年人能力评估就如同政策"守门人"，确保享受政策的都是符合失能条件的人。

（三）有助于强化监管，指导服务

失能老年人的能力部分或完全受损，有的甚至没有民事行为能力，对失能老年人的照护就需要格外用心。民政及有关部门对失能老年人的服务有特殊要求，通过能力评估，了解相关服务情况，可以加强对下级民政部门工作情况、养老服务机构规范服务情况进行有针对性的监督指导。

四、对养老服务市场的作用

在推进养老服务市场健康发展的过程中，为准确量化老年人真正需求并合理配置养老服务资源提供依据，是实现合理化、规范化提供养老服务的基础。

为养老服务业的整体发展提供基础数据支撑。通过老年人能力评估，能够真正掌握老年人各方面的照护需求，只有掌握了老年人的照护需求，才能合理分配有限的资源、科学地规划市场供给，如照护计划的制订与服务提供、养老服务机构的建设、养老专业人才的培养等。只有通过评估，才能真正明确养老服务市场的供需情况，进而为建立长效的养老服务监督机制提供指导和支撑，有序进行科学管理，改善医疗服务质量，保障老年人的权益。

总之，老年人能力评估是养老服务中一项非常基础的工作，对提升养老服务工作的专业化、精细化、个性化服务水平具有重要支撑作用。

第三节　评估人员资质及职业技能要求

一、新兴职业：老年人能力评估师

2020 年 6 月 28 日，人力资源和社会保障部联合市场监管总局、国家统计局正式发布了一批新职业，其中就包括"老年人能力评估师"。

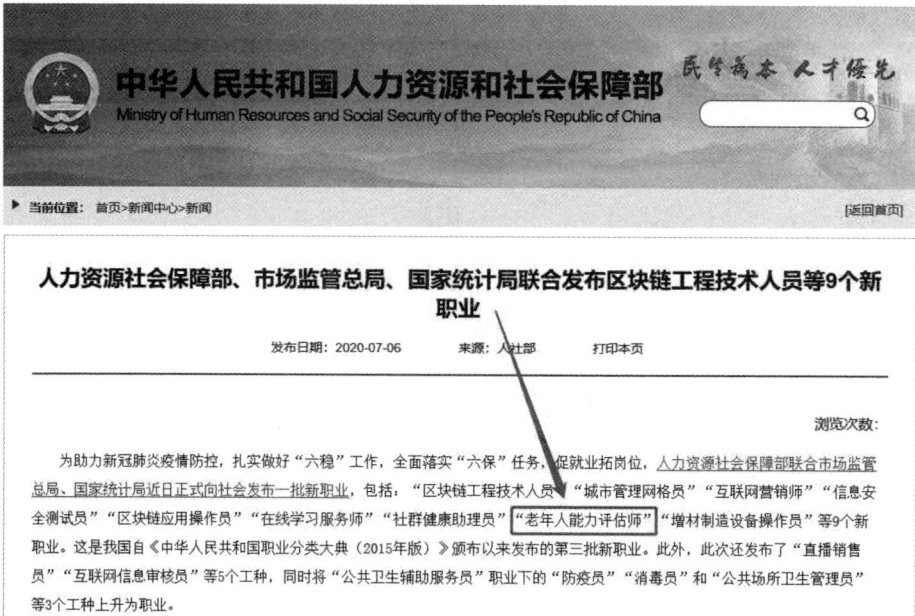

图 3-1　人力资源和社会保障部发布老年人能力评估师等新职业

老年人能力评估师，即为有需求的老年人提供生活活动能力、认知能力、精神状态等健康状况测量与评估的人员。从严格意义上来说，每家养老服务机构都需要设立评估中心，配备 2 名以上专职评估师。每位入住养老服务机构的老年人均应接受老年人能力评估服务，且评估结果必须由 2

名评估师签字确认。养老机构可以根据评估结果为老年人提供全面、合理和有效的医疗卫生和养老服务，以达到改善老年人健康状况、延缓衰老、提高老年人生活质量的目的。

为适应国家老龄事业和养老服务发展需要，规范老年人能力评估师的从业行为，引导老年人能力评估师职业教育培训方向，为老年人能力评估师职业技能鉴定提供依据，依据《中华人民共和国劳动法》和《中华人民共和国老年人权益保障法》，人力资源和社会保障部组织有关专家制定了《老年人能力评估师国家职业技能标准》。

《老年人能力评估师国家职业技能标准》将老年人能力评估师分为三个等级，分别为三级/高级工、二级/技师、一级/高级技师，并进一步明确了老年人能力评估师的职业技能鉴定要求。有条件的居家社区养老服务机构可鼓励相关服务人员报考老年人能力评估师，取得相关资质之后开展评估工作。

二、基础知识和岗位职责

老年人能力评估师的主要工作任务：

（1）采集、记录老年人的基本信息和健康状况；

（2）评估老年人日常生活活动能力；

（3）测量与评估老年人认知能力、精神状态、感知觉与沟通能力、社会参与能力；

（4）依据测量与评估结果，确定老年人能力等级；

（5）出具老年人能力综合评估报告；

（6）为老年人能力恢复提出建议。

三、职业守则和工作要求

为了能够确保公平公正、规范高效地开展老年人能力评估工作，评估员和评估小组组长须具备以下职业素养：

（1）沟通能力。

（2）共情能力。

（3）应变能力。

（4）责任心。

（5）热爱学习。

（6）爱心和耐心。

第四节　老年人能力评估的实施与运用

一、评估场所的选择和确定

原则上，评估应尽可能在老年人日常居住场所完成，如家、养老机构、康复医院等。若日常居住场所与资料中所填写的不同，评估员必须提前进行核实。

在除家之外的场所，如养老机构、康复医院等，必须与相关负责人进行沟通、核实，确定老年人是否生活在这里，了解老年人的一些基本信息。同时在沟通核实的过程中，注意加强对老年人隐私的保护。

评估环境应安静、整洁、光线明亮、空气清新、温度适宜。至少有3把椅子、1张诊桌、4~5级台阶，以供评估使用。若使用老年人能力评估软件等信息化工具进行评估，则必须事前对评估场所的网络覆盖情况进行确认和测试，确保系统正常运行。

二、评估方法和注意事项

（一）评估开始前

（1）与委托方达成一致意见，评估员保持信息通畅，带齐工具，确保监护人或照护人在现场；

（2）出示证件，说明评估目的，取得配合；

（3）检查辅助工具及场所，确保安全无误；

（4）评估对象患有精神疾病或暴力倾向者，不可贸然前往，要与所在街道或机构沟通，由相关人员陪同前往。

（二）评估过程中

保证安全，当场自主完成，不可勉强：无法当场示范评估动作者可根据经验判断，当场示范动作与平时不符时，须在"特殊事项记录单"中详细写明。

直接观察居住环境，直接询问陪同人员：有条件时可要求老年人提供其他参考资料，综合所见所闻完成评估。

评估表单不可涂改：评估项目用铅笔标示，出现界限值（2名评估员意见不一致）时2名评估员进行复评。

对提供的信息存在异议或提供的信息不真实时：与家属或照护者分别沟通，耐心说明相关政策及利害，不当众多人讨论，必要时在"特殊事项记录单"中注明。

发现老年人有跌倒、噎食、走失、自杀风险时：告知家人或照护者，加强防范措施，避免意外发生，并在"评估补充说明"中如实进行备注说明。

若老年人在生病期间：要在"特殊事项记录单"中如实备注说明，同时与照护人员保持联系，老年人痊愈后一个月进行评估，尽可能不在老年人有病或住院期间评估。

发现老年人受到虐待、漠视或有急性病症：应第一时间通知相关负责单位（如养老机构、社区负责人等），以保证情况能得到及时解决，并在"特殊事项记录单"中备注说明。

（三）集中评估情况处理

（1）不同类型老年人分开评估。

（2）精神疾病老年人单独评估。

（3）不得告知老年人评估结果。

（四）询问时的注意事项

礼貌得体，声音洪亮，发音清晰，语速适当：使用老年人容易理解的词进行询问，尽可能不使用专业术语及缩略语。

老年人回答缓慢时，不催促、不强迫、不诱导，耐心聆听。

要避免涉及不该了解的隐私话题，也要掌握主动权，避免脱离评估话题。

可以根据自己的经验和实际情况，结合肢体语言、文字书写等多种形式循循善诱，营造轻松的评估氛围。

评估员可根据实际情况决定评估项目的询问顺序，并没有硬性要求必须按照评估表顺序照本宣科。

（五）评估结束时的注意事项

确定评估项目完成，结果无误，2名评估员、老年人及陪同人员签字，不会签字者按手印。

为每位被评估的老年人拍照，并设有编码，与纸质编码一致，便于复核及留取资料。

（六）评估突发情况的处理

1. 老年人或家属要求更换评估对象怎么办

不能直接拒绝也不能自作主张同意更换评估对象，将需要更换的需求登记记录，待评估完成后将情况反映给上级，对原评估对象进行如实评估。

2. 评估过程中老年人不配合怎么办

根据老年人不配合情况，采取相应的措施：

（1）不理解评估对老年人有何意义，造成不配合，需要为家属和老年人讲解政策以及评估对老年人的益处；

（2）害怕自己被评估后送进养老院，造成不配合，因老年人观念中的养老院是脏乱差，可以给老年人看看现在养老院的照片或实地参观。

3. 评估过程中遇到有暴力倾向的老年人怎么办

（1）安排有经验的评估员进行评估；

（2）在家属或相关人员陪同下进行评估；

（3）发现有暴力行为，及时终止评估。

4. 评估过程中遇到老年人家属吵闹怎么办

与家属讲道理，收集信息是为了得出更准确的评估结果，为老年人提供适合的服务。

5. 告知评估结果后，老年人家属要求降低或提升护理等级怎么办

首先要解释评估结果的重要性，如果家属执意要改，那么，入住养老机构时降低或提升护理等级，签署协议时均按照收费标准填写护理等级，以防止因此产生的法律风险。

6. 家属或者老年人隐瞒病情怎么办

（1）细心观察，发现老年人的病情情况；

（2）试住期间跟踪记录，发现问题。

7. 评估过程中老年人突发疾病怎么办

（1）事先告知不适合评估的情况；

（2）事先准备急救设备及药品等，以便老年人突发疾病时使用。

三、评估结果及运用

开展老年人能力评估活动不是目的，通过老年人能力评估活动获取为老年人制订个性化照护计划的依据，如何通过得到的数据更好地服务老年人，为老年人制订个性化照护计划，让有限的养老资源得到有效运用，才是老年人能力评估的目的。

（一）评估（资料）分类

1. 评估分类

（1）综合性健康评估：适用于老年人首次入住或满年复评，为其他评估类型提供基础信息。

（2）简化性健康评估：适用于日常，可发生变化、新的体征和不良情绪。

（3）针对问题的健康评估：可以发现潜在的健康问题，适用于养老机构日常健康管理。

（4）特殊人群的专业评估：不是常规的评估，由综合性健康评估结果触发，如老年人有跌倒、噎食风险等。

2．资料分类

（1）主观资料：由老年人自己提出的状况，如头疼、肚子疼等。

（2）客观资料：使用专业设备测量得出的结果，如体温升高等。

（二）分析资料，作出护理诊断，确定护理问题

健康：现有问题及潜在风险是什么。

日常生活：日常生活中存在的问题。

营养：营养状况，包含禁忌、需关注的问题。

康复：存在的各种康复问题，如使用某种护理方法、减少噎食发生等。

文化娱乐：文化程度、性格、爱好、参与活动能力和积极性。

精神问题：存在的心理问题。

（三）制订照护计划

1．照护计划分类

居家照护计划：居家照护的注意事项。

机构照护计划：入院照护计划、院内照护计划、出院照护计划。

2．排序原则

首优：直接或间接威胁生命的问题。

中优：能够导致身体上的不健康或情绪变化的问题。

次优：一般问题。

3．制订照护计划目标，即护理措施要达到的效果。

（四）其他注意事项

（1）目标是照护活动的结果，而非照护活动本身；

（2）目标应具有明确的针对性；

（3）目标要切实可行，属于护理工作范畴；

（4）目标与医疗工作相协调；

（5）目标应具体、可评价、可测量；

（6）目标必须有据可依。

（五）制定或选择照护措施

（1）必须有一定的理论依据；

（2）护理措施应具有针对性，明确、具体、全面；

（3）应切实可行，因人而异；

（4）保证老年人的安全，老年人及家属乐于接受；

（5）鼓励老年人及家属参与制定护理措施。

（六）照护计划制订常见问题及解决方案

1. 如何确定患有认知症老年人的服务需求

细心观察老年人的问题，分析是否有某种服务需求，在护理过程中不断调整护理计划。

2. 老年人与家属意见不统一怎么办

让家属与老年人细致沟通，工作人员再进行协调。

3. 老年人无法表达自己的服务需求怎么办

通过观察分析老年人的服务需求。

4. 老年人与家属对照护计划或护理诊断不认可怎么办

到医疗机构由专业人员诊断，得到结果。

四、老年人能力评估的发展方向

（一）规范化

《中共中央　国务院关于加强新时代老龄工作的意见》要求"2022年年底前，建立老年人能力综合评估制度，评估结果在全国范围内实现跨部门互认"。《"十四五"国家老龄事业发展和养老服务体系规划》提出"建立老年人能力综合评估制度。统筹现有的老年人能力、健康、残疾、照护等相关评估制度，通过政府购买服务等方式，统一开展老年人能力综合评估，推动评估结果全国范围内互认、各部门按需使用，作为接受养老服务等的依据。研究制定可满足老年人能力综合评估需要的国家标准，提供统一、规范和可操作的评估工具。推动培育一批综合评估机构，加强能力建设和规范管理"。因此，老年人能力评估的规范化势在必行。

(二) 信息化

目前的老年人能力评估，绝大多数工作还是靠人工计算、分析和统计，这样不仅效率低，很容易出错，也不利于评估结果的互认互用。利用信息化的平台开展老年人能力评估，不仅可以大大减轻评估员的工作量，提高评估效率，也能够促进老年人能力评估的规范化，实现数据互通互联。

(三) 智能化

智能化是指事物在计算机网络、大数据、物联网和人工智能等技术的支持下，所具有的能满足人的各种需求的属性。老年人能力评估相关工具的智能化，就是将传感器物联网、移动互联网、大数据分析等技术融为一体，从而能动地满足老年人能力评估的需求。之所以说它是能动的，是因为它可以在老年人使用这一评估工具时，直接生成相对应的评估结果。

第四章

居家社区养老服务的
主要内容及要求

基本养老服务在实现老有所养中发挥重要基础性作用，推进基本养老服务体系建设是实施积极应对人口老龄化国家战略，实现基本公共服务均等化的重要任务。党的十八大以来，在党中央坚强领导下，基本养老服务加快发展，内容逐步拓展，公平性、可及性持续增强。为贯彻落实党中央、国务院有关决策部署，健全基本养老服务体系，更好保障老年人生活，各地纷纷出台了地方性的养老服务条例，国家也出台了专门的《居家养老上门服务基本规范》，对居家社区养老服务作出了详细规定。

现以江苏省为例，2022年9月新修订的《江苏省养老服务条例》第二十九条规定，居家社区养老服务主要包括下列内容：

（一）生活照料、餐饮配送、保洁助浴、辅助出行、日间托养等日常服务；

（二）健康管理、家庭照护、康复护理、安宁疗护等健康支持服务；

（三）关怀探视、生活陪伴、心理咨询等精神慰藉服务；

（四）养老顾问、安全指导、紧急救援等服务；

（五）文化娱乐、体育健身、教育培训等服务；

（六）国家和省确定的其他居家社区养老服务。

鼓励开展短期托养服务，为失能、认知障碍、术后康复等老年人提供临时或者短期托养照顾服务。

2023年9月，国家市场监督管理总局和国家标准化管理委员会最新发布的《居家养老上门服务基本规范》（GB/T 43153—2023），提出居家养老上门服务的主要内容为：

（一）生活照料服务

（二）基础照护服务

（三）健康管理服务

（四）探访关爱服务

（五）精神慰藉服务

（六）委托代办服务

（七）家庭生活环境适老化改造服务

本章介绍的内容，主要是近年来居家社区养老服务实践中开展的较为普及的内容。

第一节　生活照料服务

一、卫生清理服务

（一）理发

（1）备物：剪刀、剃刀、推刀、毛巾、围布、喷水筒、爽身粉、软毛刷、梳子、安全带等。

（2）向老年人解释目的及配合方法。

（3）协助老年人坐起，系好安全带加以保护。

（4）解开衣领纽扣，将毛巾围在颈部，连同衣领内翻，外罩围布。

（5）用喷水筒喷水使头发湿润，女性老年人用剪刀剪发，若头发较厚，先打薄再剪；男性老年人用推刀自下而上推剪；颈后部扑爽身粉，用软毛刷扫去碎发。

（6）剪发完毕，脱下围布，取下颈部毛巾，解下安全带，翻好衣领，扣好纽扣，协助老年人取舒适卧位。清理剪下的碎发，必要时，按洗发方法为老年人洗发。

（7）整理床单位，协助老年人取舒适位。

（8）清理工具物品。

（二）剃须

（1）备物：脸盆、毛巾、肥皂液、软毛刷、剃须刀、75%酒精棉球、水壶内盛45℃左右热水、护肤霜等。

（2）向老年人解释目的和配合方法。

（3）用75%酒精擦拭剃须刀。

（4）协助老年人取适当位置，将毛巾围在老年人颈部。

（5）脸盆内倒入45℃左右热水，将毛巾浸湿后稍拧干，捂在胡须处1~2分钟，重复2~3次。

（6）用软毛刷蘸取肥皂液，涂抹在老年人胡须上。一手绷紧老年人皮肤，另一手持剃须刀先从一侧鬓角处，自上而下剃须。另一侧用相同方法剃须，再沿上嘴唇至下巴逐步剃干净。

（7）将毛巾浸湿后拧干，擦拭干净面部，涂上护肤霜。取下围在颈部的毛巾。

（8）整理床单位，协助老年人取舒适卧位。

（9）清理工具物品。

（三）梳头

（1）备物：梳齿圆钝的梳子、30%酒精棉球。

（2）梳头前，评估老年人头面部皮肤情况；告知并解释操作过程；服务员要洗手，必要时戴手套。

（3）由发根到发梢梳理，动作轻柔。

（4）如头发打结成团，可用30%酒精湿润后再梳，长发从发梢到发根，短发从发根到发梢。梳头时观察头皮和脱发情况，化疗脱发严重的老年人，动作应更轻柔。操作过程中观察病情，注意安全，加强沟通。

（5）鼓励老年人每天多梳头，起到改善头部血液循环等作用。

（四）洗发

（1）备物：脸盆、毛巾、洗发液（膏）、梳子、吹风机。

（2）控制水温40~45℃，操作者前臂内侧试温后，用手掬少许热水于护理对象头部湿润，洗发时防止水流入眼睛及耳朵。

（3）使用洗发液（膏），由发际向头顶部用指腹揉搓头皮及头发，力度适中，避免抓伤头皮。

（4）注意观察老年人面色、脉搏、呼吸，操作中适时询问老年人情况，有异常时停止操作。

（5）洗净后吹干头发，防止受凉。

（6）身体虚弱的老年人不宜洗发。

（五）洗脸

（1）备物：脸盆、温水、毛巾等，必要时使用洁面用品。

（2）协助老年人取坐位，胸前围毛巾，脸盆放在身旁；用清水打湿面部，涂抹洁面用品，洗净，用毛巾擦干面部。

（3）注意事项：水温适宜，擦洗动作轻柔。洗脸的同时注意观察老年人精神状况；操作中避免打湿床单；面部有皮疹及损伤，应注意避开。

（4）颜面部干净，口角、耳后、颈部无污垢，鼻、眼部无分泌物。

（5）眼角、耳道及耳郭等褶皱较多部位重点擦拭。

（6）尊重护理对象的个人习惯，必要时涂抹润肤霜，防止干燥。

（7）卧位洗脸，评估老年人头面部皮肤情况；告知并解释；操作者：洗手，必要时戴手套；物品：脸盆、温水、大毛巾、小毛巾等，必要时使用洁面用品。协助老年人取平卧位，携带用品至床旁。大毛巾围在枕头及胸前盖披上，小毛巾浸湿后拧干，分别擦拭双眼的内眦和外眦。小毛巾洗净拧至半干包裹于手上，涂抹清洁用品，擦拭额部、鼻部、鼻翼两侧、脸颊、耳后及颈部，洗净毛巾擦干面部。

（六）洗脚、剪指（趾）甲

本项服务旨在通过居家社区养老服务帮助老年人洗脚、剪指（趾）甲，以做好老年人自身个人清洁卫生。其基本内容包括泡脚、洗脚、修剪指（趾）甲等，保持指（趾）甲整洁、无异味。

服务前准备：服务前认真清洗、消毒双手，摘除手部饰物。应向老年人告知服务工号，欢迎老年人监督。服务过程中操作规范，服务时，应做到精力集中，用心服务，不得接打电话。不得少时、超时，不得违规操作，非老年人要求不得省略规定的服务程序。将手脚分别浸泡于 41～45℃

热水中 5~10 分钟，用毛巾擦干。

服务过程中应注意如下事项：

（1）修剪过程中，多与老年人沟通，避免损伤甲床及周围皮肤。

（2）对于特殊老年人（如糖尿病老年人或有循环障碍的老年人）要特别小心。

（3）若指（趾）甲过硬，可先在温水中浸泡 10~15 分钟，软化后再进行修剪。

（4）趾甲避免修剪太短，与脚趾平齐，有污垢不可用锉刀尖或锐器清理，应在剪完趾甲后用水清洗，以防感染。不慎误伤时，应尽快用棉球压迫止血，再包扎伤口。趾甲厚而硬者，可适当增加浸泡时间。

（5）手部擦洗、足部擦洗、脚踝、脚背、脚底、脚跟、趾缝间，观察手足部皮肤情况，根据需要润肤，如有异常报告医生。

（6）骨折及糖尿病足老年人需观察皮肤颜色、温度改变及足背动脉搏动情况，指（趾）甲、指（趾）间、足底部（手）有无红肿、青紫、水疱、溃疡、坏死及感觉功能异常以及鞋袜或手套应柔软宽松。

（7）清理用物，归还原处，保持床单位整洁，协助老年人取舒适体位，洗手并记录。

（七）衣物洗涤

本项服务旨在帮助老年人洗涤各类衣物，减轻老年人生活负担，从而提高其生活福利。服务人员应根据老年人的要求进行衣物等的清洗、晾晒，在问清老年人的特殊要求后，严格按照服务标准开展相应服务。

服务过程中应注意如下事项：

（1）服务人员在服务过程中注意自身安全（如滑倒等），并注意整理过程中的安全隐患（水阀、水渍滑倒等），保障居家老年人的安全。如服务过程中导致地面湿滑，应及时清理干净。

（2）注意衣物的分类清洗。

（3）易褪色衣物不要在阳光下曝晒，应放在阴凉通风处晾干。

（4）硬领衬衣的洗涤，洗涤时先用洗衣粉溶液浸泡 15 分钟，用软刷轻轻刷洗，不可拧干，不可用力搓擦。

二、起居照料服务

本项服务主要针对在服务中心的短期托养老年人和居家有需求的老年人。

（1）为老年人的居室通风，调节居室温度、湿度和光度。

（2）协助不能自理的老年人穿脱衣服、如厕、清理生活垃圾和污秽物，方法得当，老年人无不适现象。

（3）衣物、床上用品整理放置有序。

（4）根据需要协助老年人刷牙、洗脸、洗手、洗头、梳头、剃须，动作适当，老年人无不适现象。

三、助餐服务

本项服务旨在通过居家社区养老服务帮助老年人解决日常饮食问题，主要分为集中用餐和上门送餐。

助餐服务需要做到：使用具有统一标识的送餐运输工具将膳食送至服务对象家中；提前一周为服务对象预定膳食，并做记录；送餐途中确保食物的卫生、清洁、保温；送餐时核对服务对象的姓名、菜品及数量，营养要均衡，由营养师搭配。食品储存管理要严格按照食品卫生要求，提供品种多样，符合食品卫生、质量标准的菜品。

同时，助餐服务还要严格按照国家关于食品安全的法律法规要求，做好食品安全管理，防范食品安全事故的发生。

四、助洁服务

本项服务旨在通过居家社区养老服务帮助老年人做好居家环境的清洁，以营造舒适的养老环境。

（一）开窗通风，保持客厅、卧室、厨卫整洁，物品摆放整齐

（1）老年人早上起床后开窗通风，交换室内空气，让新鲜空气进入

室内。

（2）空气污染严重，下雨时、过敏的季节，不要开窗通风。

（3）老年人洗完澡之后，浴室会比较潮湿，要及时开窗通风。

（4）客厅清洁，需要做到从里到外、自上而下，先易后难。

（5）擦拭物品，需要做到从上而下、从左到右，最后再清洗边角。

（6）更换垃圾袋时，垃圾桶内垃圾不能超过垃圾桶的2/3，出现异味、较脏、垃圾袋破损等现象时，要及时更换垃圾袋。

（7）打扫灰尘，要沿着直线操作。

（8）物品摆放，要按照老年人的日常生活习惯摆放整齐，整理前后尽量保持物品摆放位置一致。

（9）室内玻璃门窗边框用缝隙刷和抹布仔细、定期清理，服务完成后清理现场，所有工具必须全部带回，不可留在操作现场。

（二）按需晾晒（棉被、厚毛毯等）、更换床上四件套

（1）在进行晾晒和床上四件套更换时需要得到老年人的同意，在有需要的情况下进行服务。

（2）观察并判断老年人床上用品的材质，提前了解天气，阴天或者阳光过于强烈的天气都不宜晾晒，阴天容易滋生细菌，过度暴晒容易损坏床上用品。

（3）长期卧床老年人进行床上四件套更换时，协助老年人翻身至对侧，松开近侧床单，将脏污床单卷起，塞入老年人身下，扫净垫褥上的渣屑；将清洁床单铺在床的一边（正面在内），床单中线与床中线对齐，将上半幅卷起塞在老年人身下，靠近侧的半幅自床头、床位、中间，先后铺平拉紧塞入床垫下，帮助老年人侧卧于清洁床单上，面向服务人员，转至对侧，将脏污床单从床头至床尾边卷边拉出，然后将清洁床单拉平，同上法铺好，帮助老年人取仰卧位；盖好棉被，使老年人舒适平卧；一只手扶住老年人的头颈部，另一只手迅速将枕头取出，更换枕套，让老年人枕好。

（三）按老年人习惯整理床铺，保持床铺整洁

（1）在进行床铺整理前，要先进行环境整理：拉开窗帘，通风换气；服务人员准备：服饰整洁、洗手、戴口罩；老年人准备：督促协助老年人起床洗漱；工具准备：床刷、消毒设备等。

（2）对自理老年人的服务，要做到床单被褥清洁、平直、美观。

（3）若被服务对象是长期卧床老年人，在清洁床单时，需要协助老年人翻身至对侧，松开近侧床单，用床刷从床头到床尾扫干净床上的渣屑，注意将枕头下及老年人身下各层彻底扫干净，然后将床单平铺好，协助老年人翻身位于扫净侧，转至对侧依照上面的方法逐层清扫，并拉平床铺，整理铺盖，将棉被拉平，为老年人盖好；取下枕头揉松，放于老年人头下。

五、助浴服务

本项服务旨在通过居家社区养老服务帮助老年人解决日常洗浴难题。对于失去自理能力或具有半自理能力的老年人或残疾人协助其进行头部（淋浴时附带，盆浴时不附带）、头颈及以下躯干和四肢沐浴洗澡的服务，称为"助浴服务"，简称"助浴"。

助浴服务按照老年人的自理能力划分，可分为两种：一种是对于具有半自理能力的老年人，协助其在家中或者浴室中洗澡（分为淋浴和盆浴）。助浴人员在助浴过程中帮助其擦身，掌握室温、水温等基本情况。另一种是对于完全丧失自理能力的老年人或重度残疾的老年人，通过提供专业洗浴设备（充气式洗澡床、智能洗浴机等），由助浴人员帮助老年人完成沐浴的服务。

此外，助浴服务按照服务地点划分，可分为四种：上门助浴、外出助浴、集中助浴和流动助浴。上门助浴，适用于失能老年人或重度残疾人，由助浴人员上门提供助浴服务。外出助浴，适用于有一定自理能力的老年人，由助浴人员陪伴来到外面的公共浴室完成助浴服务。集中助浴，也是适用于有一定自理能力的老年人，老年人自行来到站点的浴室，由助浴人

员协助提供助浴服务。流动助浴，是由站点将流动助浴车开到小区，由助浴人员协助老年人在小区范围之内就近就便地完成助浴服务。

助浴服务的要求：

（1）助浴前应进行风险评估，安全措施到位后，方可协助洗浴，忌空腹或饱餐时沐浴，忌突然蹲下或站立。

（2）助浴前调节水温时先开冷水，再开热水，水温控制在 40～45℃，室温（24±2）℃。

（3）助浴时取舒适、稳固的坐位，肢体处于功能体位，助浴后身上无异味、无污垢，皮肤干净。

（4）助浴过程中应防跌倒、防烫伤，注意防寒保暖、防暑降温及浴室内的通风，注意观察老年人身体情况，如遇身体不适，应采取相应防护措施或停止服务。

（5）协助不能完全自理的老年人洗浴时，应采用适合的辅助工具，保证老年人安全，并注意自身安全。

（6）外出助浴应选择有资质的公共洗浴场所或有公用沐浴设施的养老机构，并签订服务协议。

开展助浴服务过程中，应注意如下事项：

（1）评估助浴对象的一般情况，并选择合适的沐浴方式，部分自理老年人上门服务可携带洗澡椅、防滑垫，洗澡椅可以辅助老年人坐姿洗澡，避免老年人洗澡长时间站立，防滑垫可防止老年人摔倒。失能老年人可使用充气式洗澡床或智能洗浴机。充气式洗澡床或智能洗浴机可直接在卧室床上给老年人洗澡，打破了以往只能用毛巾擦洗的方式，解决了行动不便老年人的洗澡难题，简单方便，适合所有家庭使用。

（2）沐浴前的安全提示：避免空腹或饱餐时沐浴，忌突然蹲下或站立；沐浴时间应适度。

（3）室温控制在（24±2）℃，注意浴室内的通风，防止对流风。

（4）沐浴前先调节水温，水温一般控制在 40～45℃，可根据护理对象耐受性及季节因素合理调温，调节顺序为先开冷水，再开热水，沐浴过程中注意水温变化，如需再次调节水温应离开老年人身体。

（5）沐浴时取舒适、稳固的坐位，肢体处于功能体位。擦洗顺序为先面部、后躯体，沐浴过程中注意观察护理对象身体情况，发现异常及时处理，应防止烫伤、跌倒、着凉等不良事件的发生。

六、助行服务

本项服务旨在帮助老年人解决行走难题，协助老年人在住处周边散步和简单活动。

其基本服务要求是：

（1）根据服务对象身体情况准备手杖、助行器、轮椅或其他辅助器具。

（2）服务人员应掌握助行器、轮椅及其他辅助器具的正确使用方法。

（3）告知外出时的注意事项，取得老年人的理解和配合。

（4）陪同外出过程中注意观察老年人身体情况，发现异常情况及时处理。

（5）避免过度疲劳，日程安排宜松不宜紧，活动量不宜过大，游览时，行步宜缓，循序渐进，要量力而行。

（6）老年人若出现头昏、头痛或心跳异常时，应就地休息或就医。

开展助行服务过程中，应注意如下事项：

（1）了解老年人的行动需求，并提前制订好助行方案。

（2）注意老年人的疾病史和身体情况，如不适合行走，则不宜开展助行服务。

（3）应特别注意交通安全，避免前往车辆拥堵、行人拥挤的地方。

（4）掌握助行器具使用规范，合理使用助行器具。

（5）做好突发情况的应对预案。

七、助购服务

助购服务旨在帮助老年人解决日常物品和服务的购买难题。具体包括：帮助老年人购买日常生活用品、常见药品等；为老年人代缴水费、电费、燃气费等日常生活开支费用；满足老年人其他购买需求。

助购服务应注意如下事项：

（1）应加强沟通，了解老年人的购买需求。

（2）应妥善交接钱款，将各类票据保管妥当，并转交给老年人或其家属，避免发生钱款争议。

（3）如购买药物应遵医嘱，不得擅自给老年人购买药物。

第二节　安全守护和紧急救援

一、养老顾问服务

在养老服务中心、日间照料中心以及服务站点，设立养老顾问点，开展养老顾问服务。养老顾问服务是由基层政府主导，利用各类养老服务设施、机构和人员等资源，为老年人及其家属寻找养老服务提供便利、指导和咨询的一种便民服务。

开展养老顾问服务，促进养老服务供需信息对称，为老年人提供信息咨询、服务推介、办事指南等。推动养老服务资源优化分配，为有需求的老年人提供服务建议清单、链接服务资源。

二、探访关爱服务

在基层政府主导下，面向独居、空巢、留守、失能、重残、计划生育特殊扶助对象家庭等老年人开展探访关爱服务。通过定期上门入户、电话视频、远程监测等方式，了解掌握老年人居家生活情况，并根据实际需求开展转介和救援等服务。

通过探访，了解老年人表达能力、行动能力、反应能力、疾病情况、精神状况等健康方面情况；了解老年人是否存在衣食住行等方面的困难，是否享受相关社会保障政策待遇等经济方面情况；了解老年人家庭房屋和水电气暖设施设备是否存在安全隐患等安全方面情况；了解老年人是否有生活照料、康复护理、精神慰藉、居家适老化改造等服务需求情况。在探访基础上，结合本人意愿开展关爱服务。对可能符合相关社会保障政策待遇条件的老年人，协助其依法申请；对居住环境存在安全隐患的，提醒其及时消除隐患，最大限度减少意外发生；对有生活照料、康复护理、精神慰藉、紧急救援、居家适老化改造等服务需求的，帮助对接养老服务和医疗健康等服务资源。

三、安全设施安装

为有需求的老年人家庭安装呼叫器、求助门铃、红外感应器以及漏水、漏电、漏气保护器等安全防护器材。安全防护器材符合国家相关规定，质量完好，其功能符合老年人的特点和需求。

四、安全隐患排查

了解老年人家庭设施安全情况，不定期检查安全设施运行情况，排除安全隐患。

五、紧急救援

在老年人家中安装紧急呼叫器/智能双向通话呼叫器，老年人使用时不需要记任何电话号码，按下紧急呼叫器的按钮，就可以发送呼叫信息，信息中心接到紧急呼叫后，根据来电显示的号码即时回拨电话，确定救助需求，开展救援服务。如果安装的是智能双向通话呼叫器，还可以实现实时通话，支持预设5组紧急电话，短按呼叫键或手柄键，自动循环拨打3轮，可向多人求助，且紧急联系人微信能同步收到报警信息。

医疗求救：接收到老年人紧急求助后，及时了解老年人身体状况，安抚老年人情绪。推荐给老年人或家属最优的医院或医疗诊疗机构，迅速为老年人拨打120急救中心电话、通知老年人紧急联系人，安排援助服务人员迅速上门救助，开展紧急救援。

警情求救：接收到老年人紧急求助后，及时了解老年人状况，为老年人提供最优的指导建议。代为呼叫110，同时通知家属，指导警务人员车辆到达老年人或事故现场，并在电话中安抚遇事的老年人，安排援助服务人员迅速上门救助，开展紧急救援。

火警求救：接收到老年人紧急求助后，及时了解老年人状况，为老年人提供最优的指导建议。代为呼叫119，同时通知家属，指导消防人员车辆到达老年人或事故现场，并在电话中安抚遇事的老年人，安排援助服务人员迅速上门救助，开展紧急救援。

联络家属：接收到老年人紧急求助后，及时询问老年人需求，为老年人提供最优的指导建议，稳定老年人情绪。同时积极联系家属直到联系上为止。如联系不上老年人家属，安排援助服务人员迅速上门救助，开展紧急救援。完成后3天内温馨回访用户，了解老年人情况。

第三节　康复保健和健康管理

一、康复保健

本项服务旨在通过居家社区养老服务帮助老年人实现康复保健，促进老年人的健康。

基本要求：由专业、有资质的人员实施；根据老年人特殊生理特点选择康复保健方式；康复保健过程中应注意观察老年人的身体适应情况，防止损伤；根据需要，配备相应的理疗器具。

康复保健注意事项：

根据老年人身体情况在康复师指导下开展肢体康复活动和日常生活活动训练。征求老年人意见，选择相应的手法和适当力度为老年人开展康复理疗服务。康复理疗过程中，各项目均按程序和技术要求操作。做到时间够，部位、穴位准确，力度掌握适当，保持环境安静。注意观察老年人反应，认真听取老年人的意见和建议，及时改进康复理疗工作。协助老年人进行肢体活动、移动活动，指导使用助行器具。服务中老年人不得离开服务人员视线范围，应陪伴在老年人身边保证老年人的安全；当老年人需要休息时，协助老年人进行休息。

二、医护协助

本项服务旨在通过居家社区养老服务协助老年人接受医护服务，以减轻老年人及其家人的负担。医护协助可分为在医院碰头和来回接送两种。在医院碰头，就是服务人员和老年人分别出发，到医院集中碰头，服务人员陪同协助老年人在医院办理一些相关手续。来回接送，除了在医院的服务，还要选择合适的交通工具接送老年人，做好全程服务。

医护协助的要求：

（1）提醒老年人准备好相关证件和单据（社保卡、病历本、检查报告等）、助行工具（助行器、手杖、轮椅等）。

（2）如老年人家中无人值守，提醒老年人外出前应检查燃气、水、电开关是否关好，门窗是否关严锁好，有无明显火源隐患。

（3）向老年人解释医护协助就医过程中的注意事项，建议老年人选择舒适防滑的鞋，选择适合老年人的助行工具。

（4）陪同老年人到指定医院就医，协助老年人挂号、就诊、付费、检查、取药。

（5）就医完成后提醒老年人用药注意事项，及时向老年人家属或其他监护人反馈就诊情况。

医护协助的注意事项：

服务人员应是养老服务中心的派出员工，且参加过专门的服务培训。服务人员具备良好的职业道德，尊重关爱老年人，服务态度亲切，服务耐心细致。服务人员熟悉区域内主要医院科室布局和就医流程，了解医院各类就医终端设备的操作方法。服务机构应对服务人员进行风险防控应对措施的培训，提升服务人员风险防控意识。服务机构应与老年人或其监护人签订服务协议，明确权责义务，规定免责内容。如遇紧急情况，及时联系

120、110、119 等机构及其子女、社区、邻居等给予老年人帮助。

三、健康咨询

本项服务旨在通过居家社区养老服务帮助老年人掌握相关健康资讯，解答老年人的健康知识问题，提高老年人对保健、养老等专门知识的了解程度，主要通过电话、网络、讲座等方式为老年人提供预防保健、养生护理及老年期营养、心理健康等知识教育。有必要时，可以帮助老年人建立健康档案，掌握了解一段周期内的健康变化。

健康咨询服务的要求：

（1）服务人员必须经过培训，有良好的知识基础。

（2）注重老年人健康隐私的保护。

（3）当老年人遇到紧急情况时，借助信息服务管理系统或其他形式及时向服务机构反馈；遇到不熟悉的病症需及时上报，并记录在案。

（4）在健康咨询活动中给予老年人人文关怀及人格尊重，更多地关怀老年人，减少老年人面对疾病或其他健康问题而产生的思想焦虑。

（5）适当向老年人传授防骗知识，引导老年人增强识别能力，防范不法人员以销售非法保健品而对老年人实施诈骗。

（6）引导老年人正确对待衰老和疾病，帮助其树立正确的思想观念。

四、用药提醒

本项服务旨在通过居家社区养老服务帮助老年人正确用药。一些老年人由于健忘或不了解用药知识，而出现错误服药、漏服药等现象，这对老年人的健康是相当不利的。例如，老年人漏服降压药将导致血压波动，可能因此导致心脑血管事件的发生，引发生命危险。因此，用药提醒服务对于正处于药物治疗中的老年人是必要的。

用药提醒服务的要求：

（1）服务人员必须经过相关培训，具有良好的基础知识。

（2）服务人员要耐心、细心，严格遵循药物说明和医嘱。

（3）服务人员需要倾情服务，有强烈的使命意识和责任观念。

（4）对于存在认知障碍或其他原因而导致无法正确服药的老年人，必须与其家人取得联系。

（5）对服药后可能产生的副作用、不良反应等情况，要有充分的了解，并尽早做好应急预案。

此外，也可以给老年人配置智能定时药盒，智能定时药盒采用进口食品级 PP 打造，安全环保，不会对人体有任何隐形危害。老年人记性不好，定时药盒有闹钟提醒，可以设置一天 4 次闹钟，到点语音提醒老年人服药，非常适合空巢、独居老年人使用。

第四节　心理咨询和精神慰藉

一、心理咨询

本项服务旨在通过居家社区养老服务解决老年人的心理问题。

心理咨询服务的要求：

（1）服务人员应具备相关资质，有良好的知识基础和心理咨询技能。

（2）服务人员应遵循保密原则，对于在心理咨询服务中获得的相关隐私信息，应予以保密，不得向任何人透露。

（3）心理咨询过程中要更多地开导老年人，帮助其建立良好的心理状态。

（4）部分老年人虽然需要心理咨询服务，但是防御心理比较强，此时应加强沟通交流，拉近彼此之间的距离，促使老年人放下防备。

（5）对于情绪激动或遭受委屈的老年人，要帮助其做好情绪管理，促使其情绪平复。

（6）既要制订类型化的应对方案，同时也要体现出心理咨询服务的个性化，如重点围绕老年人遇到的赡养矛盾、情感矛盾、邻里矛盾等引发的紧张、焦虑、愤怒等心理问题，制订相应的解决方案，同时也要尽可能考虑老年人的特殊情况。

二、老年陪聊

本项服务旨在通过居家社区养老服务满足老年人的交流、倾诉需求，以缓解老年人的心理压力，充实老年人的日常生活。

老年陪聊服务的要求：

（1）服务人员具有良好的交流沟通能力，性格外向开朗，亲和力强。

（2）服务人员能够正确把握老年人的心理诉求，能够就老年人所关心的事项展开话题。

（3）服务人员在陪聊过程中掌握的老年人隐私等信息，应予以严格的保密，不得向任何人泄露。

（4）服务人员在陪聊过程中应做到幽默风趣，不得生硬刻板。

（5）服务人员在陪聊过程中如发现老年人存在消极、颓废、轻生等倾向，应及时进行必要的心理干预，并做好记录；情况比较严重的，如有必要，应告知其家属、上报社区。

三、文化娱乐

本项服务旨在通过居家社区养老服务为老年人提供文化娱乐方面的精神享受，主要包括协助老年人购买书籍、上网下载资料、陪同观赏影片等。部分老年人有良好的文化知识水平，通过文化娱乐满足其精神生活需求，应成为这部分老年人晚年生活的重要组成部分。

文化娱乐服务的要求：

（1）服务人员要有一定的文化素养，能够与老年人开展文化层面的交流互动，开展适合老年人的文化学习、教育宣传活动。

（2）服务人员应通过沟通，了解老年人文化娱乐方面的需求。

（3）引导老年人树立健康向上的文化旨趣，开展适合老年人特点的体育健身、休闲娱乐活动。

（4）和老年人共同抵制低俗的文化娱乐倾向。

四、法律帮助

本项服务旨在通过居家社区养老服务提供法律帮助，维护老年人合法权益，使老年人感受到国家法律的保护，主要包括提供法律咨询、代写法律文书或者在老年人维权活动中给予必要的帮助等。

法律帮助服务的要求：

（1）法律帮助服务应遵守国家法律法规及相关规章制度，不得违规开展。

（2）法律帮助服务不得收取老年人的报酬。

（3）法律帮助服务可以吸纳具有公益服务精神和道德品行良好的律师、基层法律工作者共同参与。

（4）如在法律帮助过程中发现存在侵害老年人权益的严重事件，如虐待、遗弃、诈骗等，应及时向有关部门提供线索。

第五节 适老化改造及其他定制服务

在居家社区养老服务中，老年人有着多样化的养老服务需求，除了上述基本服务之外，有条件的养老服务组织也可以根据市场需求为老年人提供个性化定制服务。在实际操作中，我们发现近几年经过政府部门和养老服务组织的广泛宣传，居家适老化改造这项服务慢慢被老年人所了解和接受。居家适老化改造可以减少老年人居家生活中的安全隐患，有效降低高龄、独居、空巢老年人的居家风险，当老年人了解到居家适老化改造的好处后，这方面的潜在需求也就被挖掘了出来。

一、居家适老化评估

居家适老化评估，包括对老年人身份特征、生活自理能力、居家环境、辅具需求情况等的评估，并根据评估结果综合分析，制订居家适老化改造方案。

评估应参照国际通用的日常生活自理能力（ADL）评定量表并结合老年人身体健康状况，加入居家环境适老性评估内容、辅具适配评估内容，形成内容全面、科学合理的评估实施规范，对所有需要居家适老化改造的老年人及其居家环境进行科学的评估，并根据老年人的服务需求形成科学合理的评估报告。

评估要综合考虑老年人的身份特征、生活自理能力、老年人居家环境特征、使用辅具的情况，对每个项目指标进行仔细勘察、测量。根据不同对象、不同条件、不同需求进行个性化评估，遵循因地制宜、因人而异的原则，充分考虑每户家庭老年人的活动能力、家庭环境、改造需求、经济条件。全面评估老年人的生活能力、行为习惯以及与环境的适应性。如果一个家庭中有两个老年人，应分别评估，在全面综合分析的基础上制订改造方案。

评估结果要充分考虑当前需求的时效性，评估及改造方案要满足老年人当前及未来较长一段时期的使用需求，根据现有的评估情况预测老年人未来可能需要的适老化改造服务，使居家空间和适老设备具有较强的可持续性和可塑性，如在施工改造时预留安装扶手的位置，卫生间、厨房、出入口等关键区域预留轮椅回旋空间等。

二、居家适老化改造

居家适老化改造，包括硬件设施环境改造、康复辅助器具适配和智能安全监护设备安装。

（一）硬件设施环境改造

对老年人居家硬件设施按照《无障碍设计规范》（GB 50763—2021）实施适老化改造，主要包括地面、墙体、卫生间设施等关键区域的改造，以及对室内家具、装饰的改造。

地面改造：实现出入口、通道无障碍改造，消除门槛地面高度差，保障轮椅进出空间，并进行地面防滑处理（如防滑砖、防滑贴、防滑地胶、防滑垫等），保障通行安全。

墙体和居室改造：安装扶手、安全抓杆，配备换鞋凳等，保障老年人起居安全。

卫生间、洗浴间改造：在水盆、马桶旁加装起身扶手，花洒旁加装洗浴扶手；改造台盆进深空间，方便坐轮椅者使用；拆除卫生间挡水条，消除地面高度差，改为隐形地漏；浴室加装安全浴凳或助浴椅，蹲坑安装坐便椅等。实现如厕无障碍、沐浴无障碍和洗漱无障碍。

（二）康复辅助器具适配

康复辅助器具简称康复辅具，包含辅助起居、洗漱、进食、行动、如厕、家务、交流等生活的各个层面的上万种产品，是老年人生活和康复过程中必不可少的器具。主要用于补偿、代偿、改善、提高老年人的肢体功能障碍、视觉功能障碍、听觉功能障碍、智力功能障碍、言语功能障碍，延缓衰退，维持老年人的生活自理能力，提高老年人生活质量。依据老年人的生理需求和活动特征，可将康复辅助器具分为助餐类、助行类、如厕类、洗浴类、感知类、康复类、护理类和其他类等。

（三）智能安全监护设备安装

智能安全监护设备安装内容包括门磁监控系统、红外生命体征监测、健康数据监测系统、血压计、血糖仪、智能床垫、烟雾报警器、燃气报警器等。利用现代科学技术和信息系统，通过专项终端和网络，为老年人及其家庭提供实时、快捷、高效、低成本的物联化、互联化、智能化养老服务。

三、其他定制服务

根据老年人实际需求，提供其他定制服务，服务前应与老年人签订相关协议，协议中应载明服务事项、服务时间、服务人员、服务费用等信息，服务过程中应严格按照相关协议提供服务，服务结束后应进行满意度调查。

第五章

养老服务中心建设

在本章开始讨论之前，我们首先搞清楚几个概念：

第一，社区老年人日间照料中心。国家标准《社区老年人日间照料中心服务基本要求》（GB/T 33168—2016）明确，社区老年人日间照料中心是指为社区内自理老年人、半自理老年人提供膳食供应、个人照料、保健康复、精神文化、休闲娱乐、教育咨询等日间服务的养老服务设施。

第二，区域养老服务中心。国务院印发的《"十四五"国家老龄事业发展和养老服务体系规划》明确，区域养老服务中心是指在乡镇（街道）层面，建设具备全日托养、日间照料、上门服务、供需对接、资源统筹等功能的养老服务设施。

第三，综合性养老服务中心。《江苏省"十四五"养老服务发展规划》提出"大力发展城市街道综合性养老服务中心建设"。《江苏省城市街道综合性养老服务中心建设及运营规范》进一步明确，综合性养老服务中心，是指具备全托、日托、上门服务以及业务指导等综合功能的养老服务设施。

从以上三个概念的定义可以看出，区域养老服务中心和综合性养老服务中心都是建在街道（乡镇）层面，服务功能类似，表述也大同小异，且都包含了日间照料服务。

本章着重探讨区域养老服务中心和综合性养老服务中心的建设，为方便起见，以下简称"养老服务中心"。

第一节　建设依据和相关标准

一、政策依据

(一) 规划与标准

《江苏省养老服务条例》明确，社区养老服务设施建设应当纳入城乡社区配套用房建设范围。新建住宅区按照每百户 20 平方米以上的标准配套建设社区养老服务用房。新建住宅区的养老服务用房等设施，应当与住宅同步规划、同步建设、同步验收、同步交付使用。已经建成的住宅区由所在的县（市、区）人民政府按照每百户 15 平方米以上的标准通过购置、置换或者租赁等方式调剂解决。

《江苏省居家社区养老服务能力提升三年行动工作方案（2022—2024）》明确，强化新建居住区养老服务配套设施建设，所有新建居住区应将养老服务用房作为必备社区设施纳入共建配套方案，确保按每百户 20～30 平方米标准落实配建要求。已建成居住区养老服务用房可通过政府改建、购置租赁、设施置换、社会力量建设等方式，按每百户 15～20 平方米的标准调剂解决到位。多个占地面积较小的居住区可按标准统筹设置养老服务配套设施。加强社区闲置房产资源改造利用，各地应抓住老旧小区改造等城市更新政策机遇，积极推进闲置房产资源开发利用，努力盘活社区及周边的存量土地、存量物业、存量设施，解决居家社区养老服务所需场地空间。具备条件的闲置办公用房、学校、宾馆、医院、疗养院、商业设施等，可以改造为养老服务设施的，有关部门应当简化办事程序，及时办理相关手续，并加强监督管理。闲置房产资源改造应符合无障碍环境、消防安全、环境保护、卫生防疫等要求，符合养老服务用途规范。加强城市街道养老服务中心建设，落实江苏省《城市街道综合性养老服务中心建设和运营规范》（DB32/4183—2021），2023 年底前每个城市街道配建 1 家建筑面积不少于 1000 平方米的综合性养老服务中心，具备日间照料、上门服务、全托服务、智能呼叫、技能培训、业务指导等功能。街道综合性养老服务中心应满足相关养老服务设施建设标准，在属地民政部门备案为养老机构。面积较大、老年人口较多的街道可适度扩大养老服务中心规模或增加设施布点。

《江苏省民政事业发展第十四个五年规划》指出优化社区养老服务设施布局，城市街道综合性养老服务中心覆盖率达到 100%。

（二）服务功能

《江苏省养老服务条例》明确养老服务中心"为老年人提供全日托养、日间照料、上门服务、老年人能力评估、康复护理等服务"。

《江苏省居家社区养老服务能力提升三年行动工作方案（2022—2024）》指出，加强社区养老服务设施建设，为社区居民提供日间照料、健康管理、文体活动、日常应急等服务。积极构建老年城乡助餐服务体系，支持社区助浴点、流动助浴车、入户助浴等多种业态发展。

二、设计依据

（一）市场因素

养老服务中心一般由政府招标，委托第三方服务商运营。市场因素是指在本地区设置养老服务中心时，应充分考虑其服务对象数量和组成，如当地的老年人口基数、60岁及以上老年人数量、80岁及以上老年人数量、老年人年均增加数量、空巢独居老年人数量、低保低收入人群在老年人数量中的占比等相关数据；本街道在本区或本市的定位、财政来源；本街道的特色亮点，有无国家、省、市等荣誉；养老服务中心所在社区中的定位，有无特殊要求；当地覆盖人群的属性、学历构成、家庭情况等；同时，还要考虑老年人关注的刚需型服务项目，是否可以建立本地化的服务供给力量；该地区老年人的服务需求是否已有市场化供给、市场化价格定位，是否有必要继续深入开展同类服务，是否可以相互合作等。

建设养老服务中心前，应在做好充分的市场调研后，充分考虑与养老服务中心相关的一些市场因素，因各区域所产生的市场因素不同，直接会对养老服务中心的设计及运营产生影响。

（二）政策因素

养老服务中心一般由政府出资建设，委托社会化运营，有部分地区还未委托社会化运营，也有一些城市因财政来源问题，希望能引入社会力量出资建设养老服务中心。

目前省内部分城市均已出台相关政策，给予养老服务中心建设补贴及运营补贴，有部分经济较好的区（县）采取政府购买服务的方式给予运营方经济支持，在其完成基础服务任务的同时，鼓励其开展社会化运营并做出特色与亮点。

所以，服务商应充分了解省、市、区的政策文件，要结合多部门文件充分了解社会化运营的背景及要求，在完成政府基础公共服务的同时，开展普惠养老服务和与政策相关的服务项目。

（三）地域人文因素

在建设养老服务中心前期，要充分考虑地域和人文因素，有很多养老服务运营商在本地深耕多年，了解本地的相关特色文化，所以在本区域内做得相当出色，但是换了一个城市或地区后，因水土不服，导致处处受阻，容易造成服务供给与需求不符，项目搁置、运营停滞的后果。连锁化养老服务企业，在开展跨地区连锁运营时应主动改变，以适应当地的人文要求，争取做出自己的特色及亮点。

（四）硬件及环境因素

养老服务中心大多使用的是社区公共服务用房，房产性质大致可分为三大类：政府的公共资产、社区用房、新建小区配套的养老服务用房。在建设前期要充分了解其所处的地理位置、周边配套情况以及软硬件设备，如需新建照料床位的，还要考虑环保评估及消防的设施设备。

中心的选址、建设、装修要以方便老年人为核心，处处为方便老年人着想，从环境、交通、出入方便、配套设施等各个方面，都要纳入规划设计的考虑范围。

要把老年人的安全作为第一要素，在项目进行设计时，要考虑建筑的各项安全措施和设施设备的适老化要求，如过道、卫生间、浴室扶手的设置，地面防滑的处理，紧急求救按钮、紧急疏散通道的设置，安全标识的设置，等等。

（五）项目运营因素

养老服务中心要具备可复制性、可持续性、可延展性，无复制能力、无自身"造血"功能、无服务项目的可延展性则不具备可持续性的生存基础；养老服务中心的政策支持、房屋性质、周边环境等诸多因素决定着经营形式。而不同的经营形式对养老服务中心的设计要求是不同的，经营形式决定养老服务中心的前期设计，因此，设计一定要适应经营形式的要求。

对于由服务商通过社会化运营且自行投资建设的养老服务中心，要充分考虑建设成本、经营成本和社会效益。建设成本是一次性成本，经营成本是持续运营产生的成本，社会效益是主管部门的相应要求。在设计前，要完整考虑这三者的关系，并尽力使三者达到相互借力的作用，最后力争达到的效果是在整个经营期的综合效益最大化，使得项目可复制、可持续、有市场化服务延展空间。

第二节　基本功能区

一、老年人休息区

（一）全托老年人居室

（1）居室具有天然采光和自然通风条件。

（2）每间居室按不小于 6 平方米/床确定使用面积，单人间居室使用面积不小于 10 平方米，双人间居室使用面积不小于 16 平方米。

（3）护理型床位的多人间居室，床位数不大于 6 床，非护理型床位的多人间居室床位数应不大于 4 床，床与床之间有为保护个人隐私和空间分隔的措施。

（4）居室门窗采取安全防护措施及方便老年人辨识的措施。

（5）床头和卫生间配置紧急呼叫装置。

（二）日托老年人休息室

（1）日托老年人休息室使用面积不小于 4 平方米/床。

（2）配置老年人午休用的休息位，休息位配置床或可折叠躺椅。

（3）配置老年人午休所需的基本生活用品，如毛毯、枕头、废纸篓等。

（4）卧姿休息位旁配置紧急呼叫装置。

二、公共餐厅

（一）就餐区（餐厅）

（1）就餐位数量与老年人数之比不低于 1：2，每座使用面积不小于2.5平方米。

（2）单人座椅可移动且牢固稳定，餐桌应便于轮椅老年人使用。

（3）应配置饮水供应装置、菜品公告栏、时钟、餐巾纸、废纸篓、洗漱池、防蝇虫用品、剩饭剩菜收集用具。

（4）中心自身提供餐饮的，应配置碗筷、消毒柜、餐柜、餐具。

（5）符合卫生环境要求。

（二）备餐区（厨房）

（1）配置操作台、洗涤池、安全灶具，布局合理、整洁卫生。

（2）有排风、排烟设备。

（3）防滑材料满铺地面。

（4）有防杀虫害的设施和用品。

（5）燃气厨房应配备燃气泄漏报警装置。

（6）配备必要的卫生防疫和消防灭火装置。

（7）利用就近餐饮服务资源开展配餐、送餐服务的，可不设厨房。

三、公共活动区

（一）娱乐活动区

（1）配置桌椅、扑克、象棋、麻将等。

（2）配置电视机、音像播放设备。

（3）配置有利于老年人训练智力、精细动作和力量的器械，如积木组合玩具、握力器、计数辅具、穿珠辅具、手指灵活度训练辅具。

（4）有条件的可设计成多功能活动室。

（二）文化活动区

（1）配置桌椅、书架、助视、固定辅具，如助视仪、阅读器、书本固定夹。

（2）配置适合老年人阅读的书籍、报纸、杂志。

（3）配置书法、绘画用品和手工制作用品用具。

（4）配置无线网络。

四、医疗康复区

（一）保健康复区

（1）配置运动器具，如跑步机、柔性踏步器、功率自行车。

（2）配置肌力训练器械，如平衡训练器、哑铃。

（3）配置身体指数测量器具，如体重秤、体温计、血压计。

（4）配置传统康复治疗器具，如按摩床、火罐。

（二）医疗和心理疏导区

（1）养老服务中心与医疗机构签订医疗卫生服务合作协议，医疗卫生服务机构在养老服务中心设置家庭医生工作室或医务室。

（2）心理疏导室配置柔色桌椅、可调光系统、心理沙盘、心理宣泄工具等。

五、卫浴区

（一）卫生间

（1）蹲式厕位应配置坐便椅，坐便器旁应安装扶手。

（2）门锁能够双向开启，不设门闩，提供使用状态显示。

（3）配置排气扇、干手设备、墙面镜、卫生纸固定架，洗手用品、卫生纸、废纸篓。

（4）配置呼叫装置，距地面高度为 0.4~0.5 米。

（二）浴室

（1）配置淋浴器、取暖设备、沐浴椅、呼叫按钮、排气扇。

（2）地面防滑，不积水。

（3）有水温调节装置和良好的通风换气措施。

（4）符合无障碍淋浴间要求，并留有助浴空间。

（5）有条件的，可以配置充气式浴床或洗澡机器人。

（三）洗衣间

（1）配置洗涤、脱水设施设备。

（2）由社会配套提供洗涤服务的，可不设洗衣间。

（四）理发室

配置理发座椅、理发剃须工具、梳妆镜、清洁用品用具。

六、办公与接待区

（一）办公区

（1）配置办公桌椅、电话、档案柜、文件柜、电脑、打印机等办公设备。

（2）配备监控系统终端设备。

（3）配备呼叫系统终端设备。

（二）接待区

（1）配置办公桌椅、供老年人坐的座椅。

（2）配置老花镜，提供相关介绍材料和纸笔。

（3）配置小件物品寄存柜。

第三节　特色服务功能区

养老服务中心在完善基本功能的基础上，如果辖区内老年人有需求，中心也有条件，可以增设特色服务功能专区。

一、中央厨房

中央厨房就是老年人助餐配送中心，主要任务是将原料制作加工成预制菜或成品，配送到各连锁店进行二次加工、加热或组合后销售给老年人。

中央厨房有两种加工方式：

第一种是预制菜的加工，就是把批量购买回来的菜品和蔬菜，放在单独一个地方加工成半成品，包括对蔬菜的清洗、切配、包装，再用冷藏车运输到各站点，就是一个单独加工菜品的地方。

第二种是成品的加工，就是通过生产线，把米饭做熟配上做好的菜，直接运送到需求量大的站点。

二、康复辅具租赁和销售专区

康复辅具租赁是将康复辅助器具按约定有偿提供给承租者使用、回收的服务。承租者可以是个人，也可以是单位。如老年人有购买需求，也可照价购买。

康复辅助器具可分为助行类、起居类、洗浴类、如厕类、肢体训练类、进食类、智力训练类、沟通和信息类共8大类。康复辅具租赁和销售专区可根据需要选择部分康复辅助器具加以展示、租赁和销售。

三、居家适老化改造展示区

居家适老化改造的核心内容是居家环境的改造，主要是从卫生间、厨房、阳台、卧室、出入口、过道的无障碍改造、通用性改造、前瞻性设计等方面提升住宅环境的适老性。通过无障碍改造，包括通行无障碍、地面防滑处理、安装扶手抓杆等保障老年人活动安全，使家庭居住环境更加方便、温馨、舒适。通用性改造包括居家室内的朝向、采光、照明、通风、隔音等内容。前瞻性设计包括运用智能化、物联网等技术进行方便老年人生活的设计。

第六章

养老服务信息平台

第一节　养老服务信息平台的概念和功能

一、养老服务信息平台的概念

养老服务信息平台是指在地方政府指导下，依托养老服务中心建设智慧养老服务综合信息系统，实现老年人信息、养老服务、质量监督、行业监管、政策补贴等信息化、数字化，各智能化子系统信息共享、养老业务协同、高效智能化管理的综合系统。

《国务院办公厅关于推进养老服务发展的意见》（国办发〔2019〕5号）提出："实施'互联网+养老'行动。持续推动智慧健康养老产业发展，拓展信息技术在养老领域的应用，促进人工智能等新一代信息技术和智能硬件等产品在养老服务领域深度应用。"《国务院关于加强数字政府建设的指导意见》（国发〔2022〕14号）要求："到2025年，政府履职数字化、智能化水平显著提升，基本民生保障精准化、基层社会治理精细化、基本社会服务便捷化取得实质性成果。"工信部、民政部、国家卫健委三部门联合印发的《智慧健康养老产业发展行动计划（2021—2025年）》要求："推进平台提质升级，提升数据应用能力。做强智慧健康养老软件系统平台。"江苏省《全面推进江苏民政数字化转型工作方案》提出："构建涵盖老年人口、机构设施、人员队伍、服务运营等信息的全省养老服务数据资源中心，建设融合居家、社区、机构的全省养老服务综合管理平台和公共服务平台，为构建'苏适养老'综合评价体系探索智慧支撑。利用数字化技术，推动个人、家庭、社区及机构间信息互联互通，促进医养康养资源优化配置，打造原居享老、社区安老、机构颐老等典型应用场景。"

从养老服务发展的实际出发，以互联网思维为导向、以创新驱动为支撑、以智慧养老服务为目标，搭建一个具有综合性、先进性、合理性、实用性、易操作的养老服务信息平台，成为政府构建完善养老服务体系的有力"抓手"。通过数字赋能，精准把握区域内老年人的状况和服务需求，提升整体协同服务和管理能力，更好地满足老年人的服务需求。对每项服务过程、服务效果，从定性到定量的完整体现，不断地提升服务质量。建设大平台、提供大服务、形成大数据、促进大产业，通过"线上+线下"一体化服务运营，实现养老服务信息数据化、服务标准化、补贴精准化、监管智能化、供需对接智慧化，是养老服务发展的必然趋势，也是养老服务现代化的必由之路。

二、养老服务信息平台的功能

（一）基本功能

养老服务信息平台满足《养老服务智能化系统技术标准》（JGJ/T 484—2019）、《金民工程数据交换规范》（JMGC/XX 203—2020），依据用户的不同需求略有不同。

1. 收录管理区域内养老人员的相关数据和信息资料，建立数据库，实现分类、分项统计管理。与上一级养老服务综合管理系统无缝对接。

2. 具有信息共享功能，实现老年人生活状况的跟踪监测。用技术手段保证数据安全，保护个人隐私。

3. 养老服务机构内部的日常管理，可根据需要划分或设定部门、用户、角色、权限等，为日常管理业务提供规范化、专业化、信息化支撑。可包含协议管理、照护管理、康复管理、社会工作管理、评估管理、老年人档案管理、收费管理、人事管理、财务管理、仓库管理、统计分析等。

4. 有数据备份与恢复功能。

5. 有良好的灵活性、开放性、扩展性和二次开发能力，适应系统升级、系统容量和功能扩充，以及与其他系统的兼容。

6. 照护服务

（1）服务人员可通过智能终端查阅老年人健康信息；

（2）保存照料服务记录，提供必要的查询、调阅功能，数据保存期限满足长期持续服务要求；

（3）通过手机 App，老年人或家属可反馈对服务的意见、建议和进行满意度调查。

7. 报警求助

（1）老年人通过紧急求助装置发出求救信息，可根据求救信息准确定位；

（2）可通过老年人穿戴设施实现实时定位、安全报警及视频联动。

8. 健康管理

（1）满足老年人健康信息采集、管理和保存的要求；

（2）可通过配置数字化监测仪器，实现对老年人健康进行监测，可将采集数据自动上传至健康管理系统；

（3）可实现对老年人的基本健康信息、主要卫生服务记录的汇总，满足健康档案在线查询。

（二）可拓展功能

根据需要，可拓展如下功能。

1. 家庭养老床位

可通过居家适老化改造、配置功能床垫、传感器等智慧健康养老产品，提供紧急呼叫、环境监测、行为感知等服务，满足老年人专业照护服务的需求。

2. 智慧助老餐厅

通过应用互联网、人工智能等技术提供线上订餐、刷脸支付、精准补贴、膳食管理、食品安全监管等服务。

3. 智慧老年人日间照料中心

可通过配置智慧健康养老产品，提供托老（日托、全托）管理、餐饮管理、健康管理、生活照护等智慧化服务，提升老年人日间照料中心的运营效率。

4. 老年人能力评估

可通过配置摄像头、毫米波雷达、红外传感器等智能产品，赋能老年人能力评估，提供智慧化老年人能力评估服务。

5. 互助养老服务

通过互联网、大数据、区块链等技术，赋能互助养老，创新低龄老年人服务高龄老年人、伙伴式陪伴等互助养老模式。

养老服务信息平台是一种基于信息技术和智能化技术的服务平台，旨在为老年人提供更好的养老服务，提高生活质量。养老服务信息平台通过智能穿戴设备、远程监测设备、智能家居、人工智能等多种技术手段实现数据共享和信息交流，为老年人提供全方位的生活服务。

养老服务信息平台一般包括老年人健康监测、医疗服务、社交娱乐、安全保障等多个模块。老年人可以通过平台获得定制化的服务，如健康监测、药品配送、社交互动、家庭安全等，同时平台也可以帮助老年人与家庭和社区进行连接，提高老年人的社交和心理支持。

养老服务信息平台还可以为老年人提供专业的医疗服务，如远程医疗、健康咨询等。通过平台，老年人可以随时随地与医生进行交流，获取专业的医疗建议和指导，同时在推动老年人健康、快乐、安全生活方面具有重要作用，是智慧城市建设中不可或缺的一部分。随着技术的不断进步和应用场景的不断扩展，养老服务信息平台将在未来发挥更加重要的作用，为老年人提供更加便捷、高效的服务。

第二节　养老服务信息平台的必要性

一、养老服务监管一体化

（一）养老服务监管过程中的痛点

1. 业务系统繁多，终端使用情况分散复杂

现在各地往往拥有多个养老相关系统，涵盖了民政养老各类业务，以

及部分市场化的业务。一线人员在使用系统时需要操作多个系统，且存在重复填报同一份数据的情况，工作量大为增加。

2. 数据各自独立，缺少整合和有效的分析

多方数据共享共治的能力不足，业务数据各自存在于不同的系统和监管过程中，存在反复导入导出数据的情况，虽然有数据分析的功能，但无法做到准确、实时。

3. 数据安全和隐私保护问题

养老数据孤岛必然导致大量的线下导入导出操作，会涉及大量的老年人个人信息和敏感信息的外流，无法确保老年人个人信息和敏感信息不会被泄露或滥用。如何保障数据的安全性和隐私保护成了一个重要的问题。

（二）养老服务一体化平台的优势

1. 加强养老服务的信息化管理

随着老年人口的不断增加和老年人对养老服务需求的提高，如何有效提高养老服务质量成为政府需要面对的一项重要挑战。通过建立养老服务一体化平台，将实现对养老服务信息的全面梳理、统计和分析，提高信息化管理水平，从而更好地满足老年人对养老服务的需求。

2. 促进养老服务资源共享

随着老年人口的不断增加、养老服务范围的不断扩大，养老服务资源分散、不够集中的问题日益突出，通过建立养老服务一体化平台，不仅可以实现养老服务信息的全面梳理统计，更可以促进养老服务资源的共享，实现优质养老服务资源的有效整合和分配。

3. 提升养老服务效率和质量

通过建立整体的养老服务一体化平台，可以实现对养老服务的全面梳理和统计，同时提高养老服务的信息化管理水平，从而更好地发现和解决养老服务过程中出现的问题，提高养老服务的效率和质量。

4. 加强对养老服务机构的监管

通过建立养老服务一体化平台，可以实现对养老服务机构的全面监管。通过平台上的实名认证、服务质量评估等功能，监管部门可以更加全

面、深入地了解养老服务机构的服务情况，及时发现和解决问题，保障老年人的合法权益。

5. 推动养老服务产业的发展

通过建立养老服务一体化平台，不仅可以促进养老服务资源的共享，提高养老服务的效率和质量，更可以推动养老服务产业的发展，促进经济社会的可持续发展。

二、养老服务运营信息化

（一）养老服务过程中的痛点

1. 数据采集维度不足

养老服务过程中不仅需要服务对象的姓名、身份证号、地址、身份特征等信息，还需要对服务的对象进行能力、需求、居家环境的整体评估，采集相关数据，同时需要完成对服务过程的监督和管理，对服务结果进行长期的观察和跟进，需要开发系统对服务全流程进行信息化管理。

2. 申请审批方式传统

符合政府补贴的老年人数据无适配采集系统，无法分辨符合条件的老人，同时也没有对申请、需求、居家环境等条件进行评估，也没有量身定制开发的程序审批、监管平台，需要定制开发适配的审批、监管系统。

3. 线下结算方式烦琐

为节约和合理使用财政资金，避免不合理的浪费，及时准确地发放和扣除政府补助资金，面对海量数据、精准发放的要求，人工操作难以完成，需通过建设数字化资金发放系统提升工作效率。

4. 专业人才队伍缺失

居家养老服务是一项专业性很强的工作，也是为老年人谋福祉的幸福民生工程，可以提高老年人的生活幸福感和安全感，社会上与此相关的专业性人才队伍非常缺失，亟须培养一批专业化的人才队伍。

总的来说，为节约和合理使用财政资金，避免不合理的浪费，需要对所有老人数据进行甄别、服务过程进行监管、服务完成的结果进行验收、验收完成的资金进行发放。面对海量数据、精准发放的要求，人工操作难以完成，需通过建设数字化监管及资金发放系统以提升工作效率。

（二）养老服务平台的优势

1. 优化申请审批流程，提高工作效率

居家养老服务是重要的政府民生工程，需要一个集数据采集、人员培训、申请审批、服务评估、过程监管、支付结算的综合管理系统进行持续运行和综合管理。

养老服务平台具备在线服务申请、信息化评估服务、平台监管服务过程、统一身份认证、数据可视化实时查询设备状态等功能，具有完善统一的数据接口与第三方平台对接，可减轻数据采集压力，提升数据流转效率。

养老服务小程序可为使用手机的养老服务需求人群提供自主申请，为老年人及其家属提供便利，帮助他们足不出户就能完成养老服务申请工作。

PC 综合服务平台为民政监管人员、服务商提供监管和管理养老服务的通道。

2. 采用信息化管理，实现数据互联互通

现有居家养老服务申请、审批、服务、结算流程均在线下完成，资料管理困难，数据难以积累，依托综合养老服务平台，可以有效地实现数据的互联互通，对于同平台的不同服务数据、不同平台的相同服务数据进行统一管理、统一分析、统一归档，通过信息化的方式提高数据的利用率，将历史数据的分析结果作为未来服务的决策条件，最大限度挖掘数据的价值。

3. 依托金融支付机构，实现高效支付结算

依托养老服务平台，打通银行保证金系统，将服务补贴资金打入老年人的尊老卡中，实现补贴资金托管冻结及代扣功能，降低资金结算难度，实现高效支付结算。

4. 线上管理资金发放，财务数据集中透明

依托养老服务平台，及时自动更新老年人的申请数据、审批数据、服

务情况、服务人员培训情况、补贴资金发放和结算情况。依据资金补助标准，及时计算补助金额、发放明细和发放总额。经街道审核后，推送财政准备资金，补贴资金发放，实现补贴资金在尊老卡中的自动预付扣除功能，全程数据集中透明，有据可查。

5. 实现在线培训和考核，打造居家养老专业队伍

依托养老服务平台，提供丰富的居家养老相关课程与实践案例，服务商及其员工学习相关内容后，需通过考试并取得认证，并纳入养老人才库。

第三节　养老服务信息平台的构建与应用

养老服务信息平台是一个综合性的智慧养老服务和管理平台，这个平台应该是云架构的，它服务的对象是养老服务机构、服务商、政府监管部门和社会公众，覆盖的范围是所在的辖区。养老服务信息平台承载的功能应包括三大类：公众互动（面向公众）、养老服务业务支撑（面向企业）、政府监管（面向政府）。借助此平台，可以将政府、养老企业、服务商、老年人、子女连接起来，满足老年人多样化、多层次的需求。

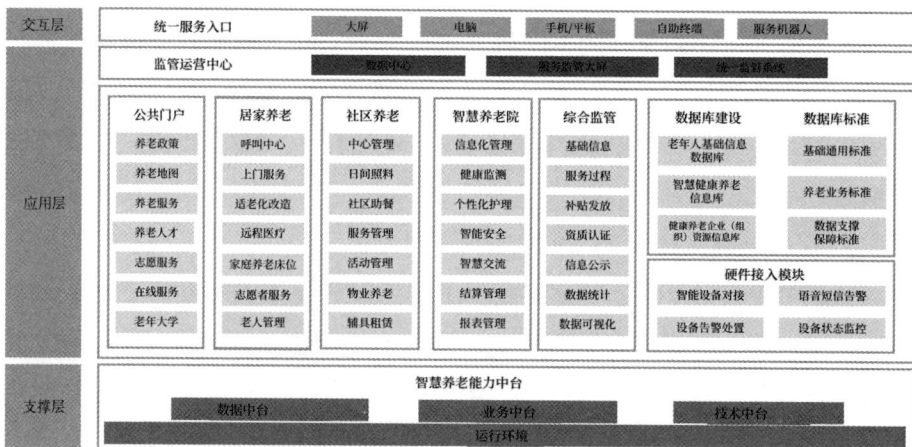

图6-1　养老服务信息平台应用架构

一、公共服务门户

当今社会老龄化的趋势越加明显，老年人对养老服务的需求日益增长。为了更好地满足老年人和家属的需求，民政部门可建设养老门户网站，提供全方位的养老服务信息和服务。

老年人可以随时通过访问智慧养老公共服务门户，了解各项养老服务和信息，方便快捷。平台包含健康管理、社交互动、文化娱乐、家政服务等多个功能，以便老年人能够方便地获取所需信息和服务。

智慧养老公共服务门户包括以下功能。

（一）养老政策

智慧养老公共服务门户发布养老政策、服务信息、新闻动态等，为老年人家庭提供便捷的信息查询和了解渠道。这些信息可以帮助老年人和家属更好地了解政策变化，知晓各类养老福利和服务，提高他们的福利意识和权益意识。

（二）养老地图

智慧养老公共服务门户会提供养老机构、社区养老服务中心、居家养老服务机构等信息，包括服务项目、费用、评估标准等，方便老年人和家属进行选择。这些信息可以帮助老年人和家属更好地了解养老服务机构，选择适合自己的服务机构，从而保证服务量和满意度。

（三）养老服务

智慧养老公共服务门户提供预约和咨询服务功能，包括预约养老服务、咨询养老政策、法律咨询等。

预约服务：老年人可以通过智能手机应用、网站或电话等方式预约护理、康复、健康检查等服务。通过预约服务，老年人可以更加方便地获取需要的服务，避免长时间等待。

咨询服务：老年人可以通过智能手机应用、网站或电话等方式获得医疗、健康、护理等方面的咨询服务。通过咨询服务，老年人可以及时获得专业意见和建议，有助于更好地管理自己的健康和生活。

（四）养老人才

为了促进养老服务机构与养老服务人才供需精准对接，平台可开发求职和招聘功能。养老服务机构可以通过平台发布招聘信息，养老服务人才可以通过平台投简历找工作。

（五）志愿服务

智慧养老公共服务门户提供交流与分享功能，包括线上讨论、交流圈、志愿者招募等。老年人可以与其他老年人、志愿者和服务机构交流和互动，分享养老经验、心得和感受，增加社交活动和减少孤独感。

社交平台：提供类似于社交网络的平台，让老年人可以和其他人建立联系，分享自己的生活和经验。社交平台可以包括聊天、博客、相册等功能，方便老年人与家人和朋友交流。

活动策划：平台通过策划各种活动，如音乐会、瑜伽课、手工活动等，让老年人可以相互交流，增加社交活动的机会。活动可以直接线上举行，或者报名后线下举行。

（六）在线服务

智慧养老公共服务门户提供在线服务，包括在线服务、评价和投诉等。老年人和家庭可以通过网站在线预约养老服务，同时可以对服务质量进行评价和投诉，促进服务质量和客户满意度的提高。

（七）老年大学

智慧养老公共服务门户提供老年大学的功能。老年大学提供丰富多彩的课程和学习资源，包括健康保健、文化娱乐、技能培训等。老年人可以根据自己的兴趣和需求自由选择课程，学习知识和技能，丰富生活，提高素质。

课程库：老年大学的课程库包括各种学科和课程，如文学、历史、哲学、健康、金融等。老年人可以根据自己的兴趣和需求选择适合自己的课程，学习新知识和技能。

学习资源：老年大学的学习资源包括各种学习资料和工具，如教材、音频、视频、在线课程、网络讲座等。老年人可以通过这些学习资源随时随地学习，不受时间和地点的限制。

学习计划：老年大学可以提供老年人个性化的学习计划，根据老年人的需求和兴趣，制订出适合他们的学习计划。学习计划可以根据老年人的时间和能力进行灵活调整，保证老年人能够顺利完成学习任务。

学习进度：老年大学可以通过软件或在线平台记录老年人的学习进度，包括已完成的课程、未完成的课程和学习时间等信息。老年人可以根据自己的学习进度和计划，及时调整自己的学习节奏，保证学习的连贯性和效果。

学习反馈：老年大学可以定期给老年人提供学习反馈，帮助他们发现自己的学习问题和不足。学习反馈可以包括老师的评估和建议，也可以包括老年人之间的互动和分享。通过学习反馈，老年人可以更好地调整自己的学习方式和方法，提高学习效果。

线上课堂：老年大学可以开设线上课程，通过视频或直播形式进行授课，老年人可以在家中或者指定地点参加课程，还可以通过实时互动与老师和其他学员交流。

证书颁发：可以对老年人的学习成果进行评估和反馈，包括作业、考试、测评等。平台还可以根据老年人的学习成绩和表现颁发证书和奖励，激励学习动力和兴趣。

二、居家养老

（一）呼叫中心

居家养老呼叫中心旨在为居家老人提供全天候、多元化的服务支持。老人可以通过电话、App、网站等多种渠道联系呼叫中心，为其提供各种形式的帮助和服务，包括但不限于紧急呼叫、健康咨询、日常生活照料、心理支持等。对生活不能自理、孤独无助、身体虚弱、心理不稳定等特殊老年人群体，呼叫中心提供的服务更加具有针对性和个性化。

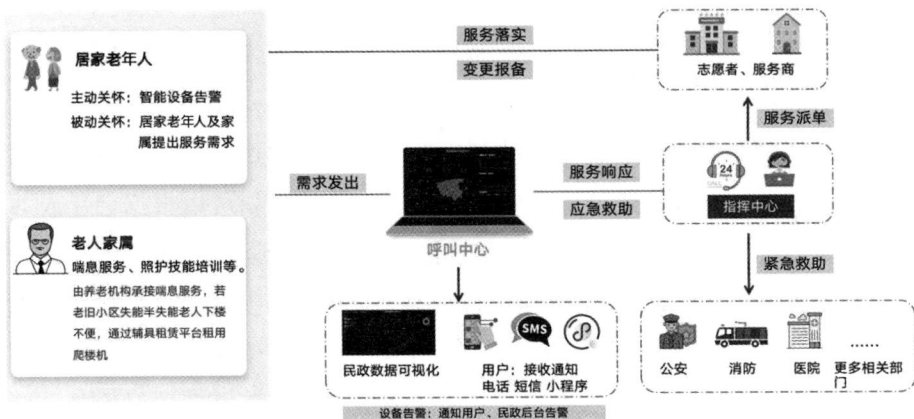

图6-2　呼叫中心流程

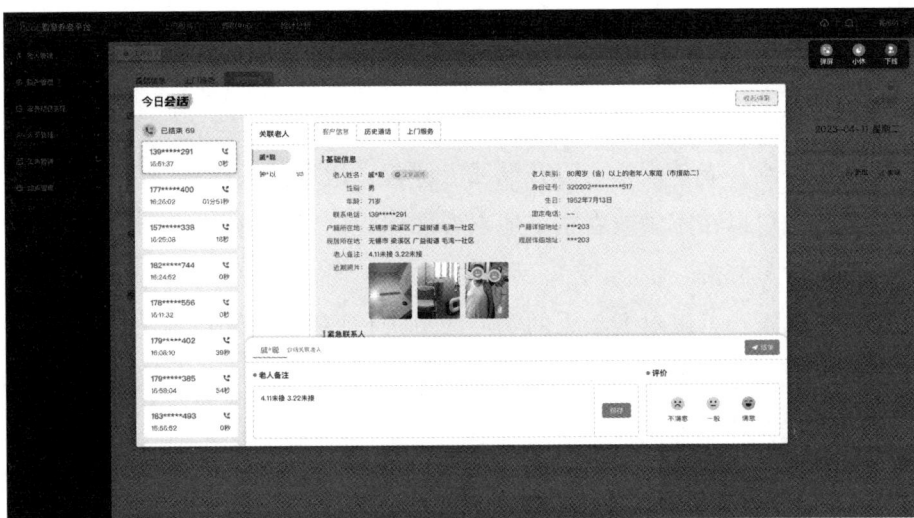

图6-3　呼叫中弹屏

居家养老呼叫中心的主要功能如下。

1. 紧急呼叫服务

老年人在遇到突发事件时，可以通过呼叫中心呼叫救援，呼叫中心会迅速响应并派出相关人员进行救援。

紧急呼叫按钮：老年人可以在家中安装紧急呼叫按钮，当遇到紧急情况时，只需按下按钮就可以向呼叫中心发出紧急求助信号。

快速响应：呼叫中心收到紧急求助信号后，会迅速响应并派遣救援人员前往老年人的家中进行紧急救助。

24 小时服务：呼叫中心提供 24 小时不间断服务，老年人可及时向呼叫中心求助，无论是白天还是夜晚、工作日还是节假日。

家属联系：呼叫中心在紧急情况下还会联系老年人的家属或紧急联系人，告知紧急情况并协调救援事宜。

2. 健康咨询服务

老年人可以通过呼叫中心获取健康咨询服务，包括疾病预防、用药指导、康复建议等，让老年人更好地保持身体健康。

专业医护人员：呼叫中心会聘请专业的医护人员提供健康咨询服务。

问诊和建议：老年人可以通过电话或在线咨询的方式向呼叫中心咨询健康问题，医护人员会进行问诊并给出相应的建议和解决方案。

健康管理：呼叫中心还可以为老年人提供健康管理服务，如开展健康评估、制订健康计划、监测健康数据等。

3. 日常生活照料服务

老年人可以通过呼叫中心预约日常生活照料服务，如上门做饭、打扫卫生、购买生活用品等，方便老年人的日常生活。呼叫中心通过给服务人员派发工单的方式，为老年人提供上门服务。服务内容根据当地政策要求提供，包括助护、助家、助洁、助康、助聊、助修、助医、助浴等。

4. 精神慰藉服务

老年人可以通过呼叫中心获取精神慰藉服务，包括情感咨询、心理疏导、心理干预等，帮助老年人更好地面对生活和心理问题。

心理支持：呼叫中心可以为老年人提供心理咨询和支持服务，帮助他们应对生活中的压力和挑战，减轻情绪负担。

社交活动：呼叫中心可以组织各种社交活动，如线上聊天、团体活动等，让老年人感受到社区的温暖和关爱。

文化娱乐：呼叫中心可以为老年人提供各种文化娱乐服务，如音乐、

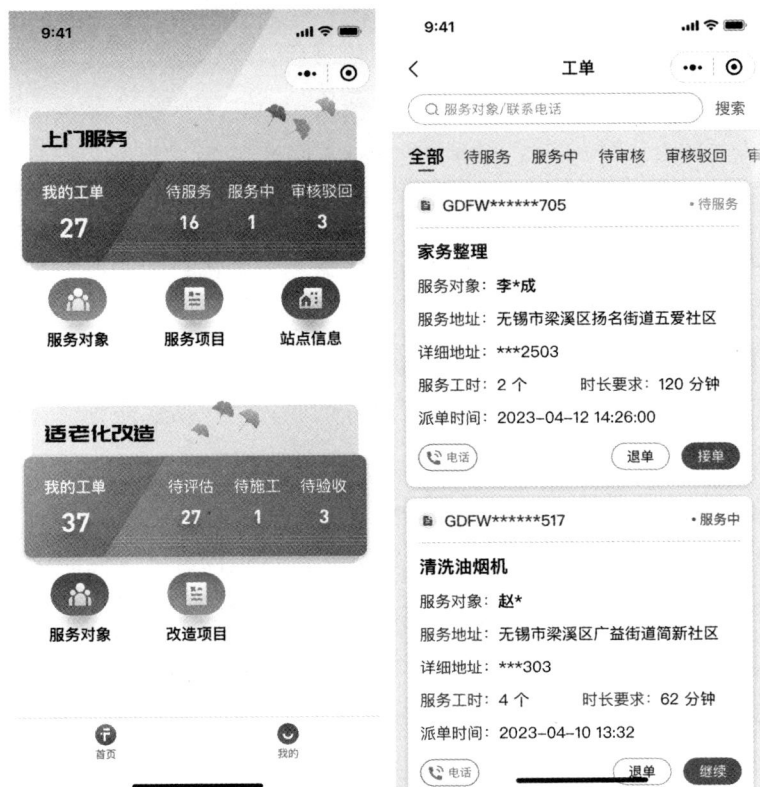

图 6-4　助老员小程序

电影、读书，让老年人在家中也可以享受文化娱乐带来的乐趣。

情感疏导：呼叫中心可以为老年人提供情感疏导服务，帮助他们处理生活中的情感问题，缓解孤独感和沮丧情绪。

5. 信息查询服务

老年人可以通过呼叫中心查询各种信息，如社区活动信息、医院预约信息、公共交通信息等，让老年人更加方便地了解周边环境。

医疗健康信息查询：老年人可以通过呼叫中心查询医疗健康信息，包括药品说明书、疾病诊疗方案、常见病症的预防和治疗方法等，让老年人可以更好地了解自己的健康状况，及时采取措施。

社区服务信息查询：老年人可以通过呼叫中心查询社区服务信息，如社区医疗、养老、文体活动等信息，让老年人可以更好地了解社区服务资源和安排，方便生活和社交。

法律咨询服务：老年人可以通过呼叫中心查询法律咨询服务，包括家庭、劳动、消费、财产等方面的法律问题咨询，让老年人可以更好地了解自己的权利，维护自身合法权益。

政策法规查询：老年人可以通过呼叫中心查询各级政府颁布的有关老年人的政策法规，例如社保、福利、就业等政策法规，让老年人可以更好地了解政策法规内容和适用条件，及时享受政策法规的相关待遇和优惠。

（二）上门服务

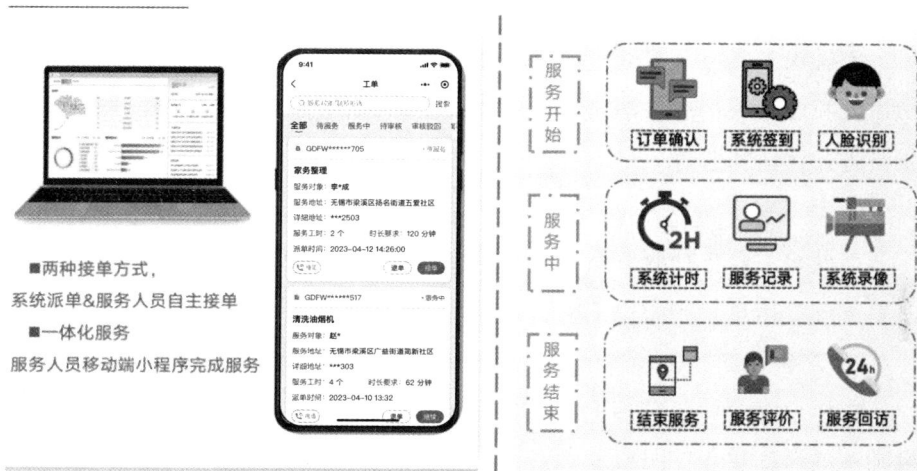

图6-5　上门服务系统流程与应用

1. 服务人员管理

该模块主要包括服务人员的基本信息管理，如姓名、性别、年龄、身份证号、联系方式、服务类型、从业资质等信息。同时也包括对服务人员进行排班、出勤管理和工资管理等功能。

2. 服务对象管理

该模块主要包括服务对象的基本信息管理，如姓名、性别、年龄、联系方式、服务需求、健康状况等信息。同时也包括对服务对象进行服务计划和服务方案的制订和管理。

3. 服务预约

该模块主要包括服务对象和服务人员间的在线预约和确认功能,包括服务时间、服务地点、服务内容、服务人员等信息。同时也包括预约变更和取消功能。

4. 服务工单管理

该模块主要包括记录服务人员提供的服务情况和服务对象的反馈,包括服务时间、服务内容、服务人员、服务对象的反馈等信息。同时也支持对服务记录的查询和管理。

5. 服务评价与回访

该模块主要包括服务对象对服务人员提供的服务进行评价与回访,包括评分和评论等信息。同时也支持对评价结果的统计和分析,以便对服务质量进行评估和改进。

6. 费用结算

该模块主要包括服务费用的管理和结算,包括服务费用、支付方式、账单管理等信息。同时也支持对服务费用的查询和管理。

7. 设备管理

该模块主要包括管理上门服务需要使用的设备,包括设备的采购、维修和更新等信息。同时也支持对设备状态的查询和管理。

8. 资源调配

该模块主要包括对服务人员和服务对象进行资源调配,以满足服务需求的变化和调整。同时也支持对资源调配情况的查询和管理。

9. 数据分析和报告

该模块主要包括对服务数据的统计和分析,生成各种报表和图表,以便进行服务质量分析和改进。同时也支持对数据分析和报告的导出和分享。

10. 消息推送和通知

该模块主要包括向服务对象和服务人员发送各种通知和提醒,包括服务预约、服务变更、服务评价等信息,以便提高服务效率和便捷性。同时也支持对消息推送和通知的管理和查询。

（三）适老化改造

1. 老年人信息管理

该模块主要用于收集和管理老年人的基本信息、健康状况、家庭情况等信息，包括姓名、性别、年龄、身体状况、居住环境等。通过收集这些信息，可以为适老化改造提供必要的参考和依据。

2. 适老化改造需求评估

该模块主要用于对老年人居住环境进行评估和改造需求的识别，以制订适当的改造方案。评估内容可包括房屋结构、室内设计、辅助器具、智能化设备等方面，评估结果可以帮助制订改造方案并为后续的改造工作提供参考。

3. 改造方案设计

该模块主要用于对老年人居住环境进行改造方案的设计和制订，包括具体改造措施、改造时序等方面。改造方案的设计应该充分考虑老年人的身体状况、生活习惯和需求等因素，确保改造方案的可行性和实用性。

4. 改造工程管理

该模块主要用于规划、设计、实施、监管适老化改造工程，包括工程的进度、质量、成本等方面的管理。通过该模块可以实现对改造工程的全面监管和管理，确保工程的顺利进行和顺利完成。

5. 资金管理

该模块主要用于管理适老化改造项目的资金使用情况，包括资金的来源、使用情况、支出情况等。通过该模块可以实现对资金的精细化管理，确保资金的合理使用和透明度。

6. 服务监管

该模块主要用于监管和评估适老化改造服务的质量和效果，包括服务的规范性、效果评估等方面。通过该模块可以实现对适老化改造服务的全面监督和管理，提高服务的质量和效果。

7. 数据分析和报告

该模块主要用于对适老化改造服务的数据进行分析和报告，包括服务的覆盖面、服务的效果等方面。通过该模块可以实现对服务的评估和监管，为改进服务提供参考。

适老化评估和改造业务流程

一人一策，一户一案
支持评建分离 & 独立验收 & 多角色权责明晰

评估员　　施工员　　验收员

图 6-6　适老化改造系统流程与应用

（四）远程医疗

远程医疗系统提供健康管理和远程医疗功能，包括健康档案、健康监测和远程医疗等。老年人和家庭可以通过网站管理个人健康档案、监测生命体征、接受远程医疗服务，提高健康管理和预防保健水平。

1. 健康管理服务

健康管理服务主要是让老年人能够更好地管理自己的健康状况。健康管理服务包括健康档案管理、健康风险评估、疾病预防和管理等。老年人可以通过平台上的健康管理工具来记录自己的身体状况、药物使用情况等信息，帮助医生和护士更好地进行诊断和治疗。

2. 家庭医生服务

家庭医生服务让老年人能够得到定期的医疗护理服务。家庭医生可以通过视频、语音等方式进行在线诊断和治疗，为老年人提供专业的医疗服务。

图 6-7　平台案例：苏州适老化改造系统

3. 远程检测服务

远程检测服务让老年人在家中就能进行健康检测。远程检测服务包括血压、血糖、心电图等常见健康指标的检测，老年人可以通过平台上的设备进行检测，医生和护士可以实时监测老年人的身体状况，及时调整治疗方案。

4. 康复训练服务

康复训练服务让老年人能够进行康复训练，恢复身体功能。康复训练服务包括物理治疗、语言治疗、认知训练等，老年人可以通过平台上的应用程序，如文字、视频课程进行康复训练，医生和护士可以根据老年人的康复情况进行调整和优化。

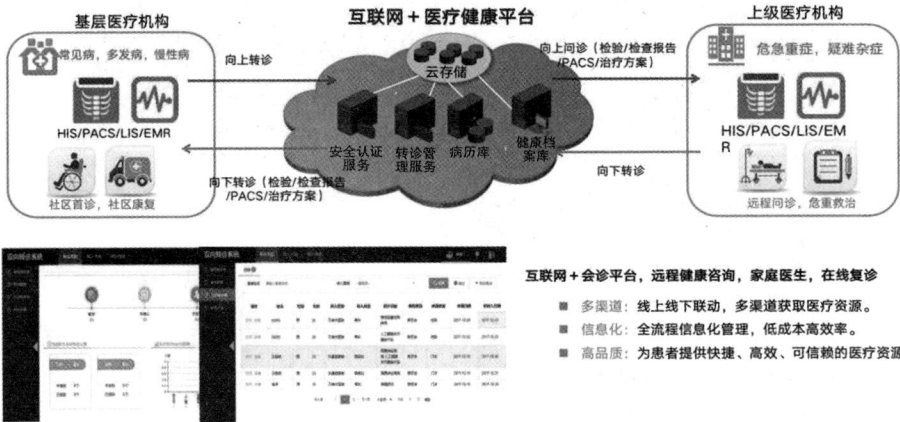

图 6-8　远程医疗系统流程与应用

(五) 家庭养老床位系统

1. 老年人能力评估管理

该模块主要用于申请设立家庭养老床位和政府购买居家养老服务的经济困难老年人，由民政局组织相关专业机构统一对其身体状况进行评估管理。

2. 申请审核管理

该模块主要用于经评估后符合条件的老年人向所在政府提交设立家庭养老床位和政府购买居家养老服务申请。服务机构根据老年人能力评估结果，结合老年人家庭状况，与老年人及家属协商确定家庭养老床位改造项目和照护计划。

3. 签约管理

该模块主要用于服务机构和服务对象对建设内容、服务内容、服务方式、服务价格等达成一致后签订服务协议（首次签订合同不低于 12 个月），协议由民政局、乡镇（街道）、服务机构、服务对象四方共同签订。

4. 改造管理

该模块主要用于服务机构对老年人家庭进行必要改造，安装相应设施设备（智慧化产品），与上级养老服务平台进行数据对接，对整个改造过程进行监督管理。

5. 服务管理

该模块主要用于服务机构按照养老机构日常收住老年人的流程，为签约老年人办理家庭养老床位登记手续，建立服务档案。服务机构根据服务计划派出相关工种专业人员，组成服务团队，为签约老年人提供居家养老上门服务，对整个服务过程进行管理。

6. 验收管理

该模块主要用于服务机构在提供服务满 1 个月后，向民政局提交验收申请及家庭养老床位服务合同、建设投入清单服务数据信息清单等资料，由民政局组织乡镇（街道）、村（社区）等共同入户验收认定，并对整个验收过程进行监管。

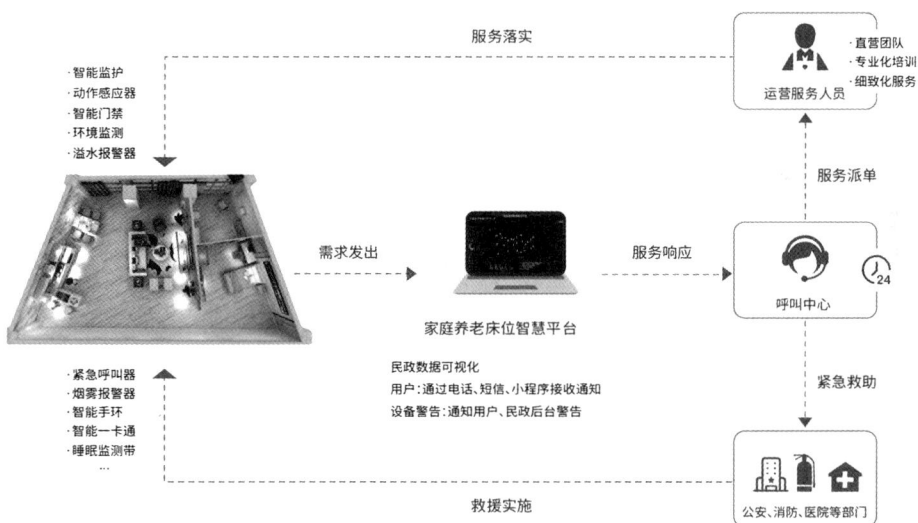

图6-9　家庭养老床位业务架构

（六）能力评估

老年人能力评估在养老服务中发挥着越来越重要的作用。通过仔细询问，了解老年人的生活自理情况、感知觉与沟通、认知能力、社会参与度等方面的情况，对老年人的身体能力进行量化评估，然后判定能力等级。对于老年人及其家庭来说，能力评估有助于老年人了解自身状况，更加合理地安排晚年生活；对养老服务提供方来说，能力评估结果有助于其制订个性化的照护服务方案，有效防范服务风险；对于政府部门来说，通过开展评估，能促进养老服务供需对接，提高政策措施的精准度。

1. 采集申请资料

用户在电脑端/手机端提交评估申请，录入老年人的基本资料、疾病诊断信息、30天内意外事件信息以及申请附件。

2. 上报审批

首次申请评估的老年人提交新申请，系统自动记录该老年人信息，提交后的评估申请直接进入民政审核流程。经各级行政和民政审批通过后，进入评估流程。

3. 分派评估机构

经民政审批通过的评估申请，显示在待分配评估机构的申请列表中。可从申请人的居住地址、申请服务类型或所在养老机构的维度，批量选择和分配。

4. 实地评估、上传和生成评估报告

评估申请分配到评估机构后，由评估机构负责人继续分配任务给本机构的评估小组。评估人员根据最新批准发布的《老年人能力评估规范》（GB/T 42195—2022）进行评估，并上传形成报告。

5. 审核及公示评估报告

列表显示系统中所有审批通过，进入公示阶段的评估报告。用户选择评估报告，上传公示照片后，该报告状态自动更新为"已公示"。已公示状态的报告，可查看公示照片。

三、社区养老

社区养老是指以家庭为核心，以社区为依托，以老年人日间照料、生活护理、家政服务和精神慰藉为主要内容，以上门服务和社区日托为主要形式，并引入养老机构专业化服务方式的居家养老服务体系。主要内容是举办养老、敬老、托老福利机构；设立老年人购物中心和服务中心；开设老年人餐桌和老年人食堂；建立老年医疗保健机构；建立老年活动中心；设立老年婚介所；开办老年学校；设立老年人才市场；开展老年人法律援助、庇护服务等。

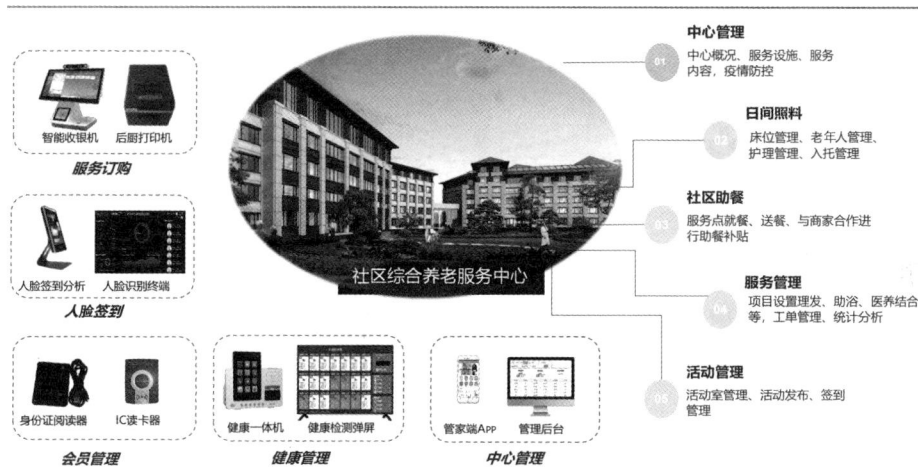

图 6-10　社区综合养老服务中心服务场景

（一）中心管理

该模块针对社区养老机构、居家养老机构、小型养老机构、大型养老机构、微型养老机构、日间照料中心的概况、服务设施、服务内容等信息录入并进行管理。

（二）日间照料

该模块针对社区养老机构、居家养老机构、小型养老机构、大型养老机构、微型养老机构、日间照料中心的床位管理、老年人管理、护理管理、入托管理等信息录入并进行管理。

（三）社区助餐

该模块针对各社区服务点就餐、送餐、与商家合作进行助餐补贴记录和收银管理。

（四）服务管理

该模块主要是对各中心等机构项目设置理发、助浴、医养结合等服务进行工单管理，统计分析。

（五）活动管理

该模块主要是对各中心等机构的活动室、活动发布、签到进行管理。

（六）物业养老

"物业+养老"是养老模式的新型探索，该模块主要是对各物业机构的服务业务进行设置和管理。

图 6-11 "物业+养老"服务场景

（七）辅具租赁

该模块主要是对各中心、站点等机构的辅具申请使用、租赁或者销售进行产品管理和审核管理。

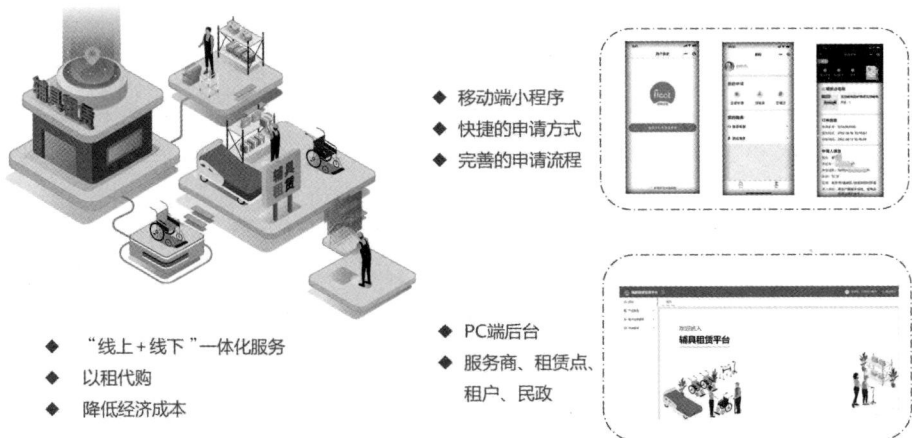

图 6-12 辅具租赁服务场景

四、智慧养老院

智慧养老院是利用互联网、物联网、大数据、云计算和人工智能技术，优化养老服务资源，拓展养老服务内涵，提效率、提服务、降成本、降风险，促进养老院可持续发展，让入住养老院的长者能够享受有保障有质量有活力的晚年生活。

（一）信息化建设

搭建信息系统，包括老年人健康档案、医疗护理记录、相关服务记录、护理员信息等，以便实现数据共享和管理养老服务。

（二）健康监测系统

健康监测系统配备健康检测设备，监测老年人的健康情况，如血压、心率等以及睡眠质量，以便专业医护人员及时干预。

（三）个性化护理

个性化护理，主要功能是运用人工智能等技术为老年人提供个性化的医疗和护理计划。

（四）智能安全系统

智能安全系统设有智能监控、紧急呼叫装置等设备，以确保老年人的安全，并提供及时的紧急救援服务。

（五）智慧交流平台

智慧交流平台是通过视频通信、电视点播和志愿互助等，方便老年人的亲情慰藉、持续学习、开展志愿服务，丰富老年人的精神文化生活。

五、综合监管

养老民政监督管理平台是指由民政部门建设和管理的一个基于信息化技术的养老服务监管平台，旨在加强养老机构的监督管理，提升养老服务的质量和效率，保障老年人的合法权益。该平台主要包括养老机构信息管理、服务监督管理、资质认证管理、数据统计分析、信息公开、系统管理等模块，通过对养老机构的基本信息、服务质量、资质认证、经营状况等方面进行监督和管理，实现养老服务的标准化、规范化和科学化，为老年人提供更加优质的养老服务。

（一）基础信息管理

基础信息管理主要包括养老机构基本信息管理和养老服务供应商信息管理两部分。其中，养老机构基本信息管理包括机构名称、机构类型、机构负责人、机构地址、机构规模等信息的管理；养老服务供应商信息管理则是管理提供养老服务的供应商信息，如养老院、驿站、家政服务公司等。

（二）服务过程监管

服务过程监管主要包括服务评估、评价、检查、核查等方面的内容。服务评估包括对养老服务质量和效果进行评估；评价是对养老服务质量和效果进行评价，采取评价报告形式；检查则是对养老机构进行定期检查，确保服务符合标准；核查则是对养老机构的服务质量、管理等方面进行核查。

（三）补贴发放监管

补贴发放监管主要用于记录老年人的补贴信息，包括补贴类别、补贴金额、发放时间等，同时需包括补贴发放申请、审核、发放等环节。通过该模块可以实现对老年人补贴的规范管理和监管，实现对补贴发放流程的规范管理和监管，确保补贴资金的合理发放，提高发放效率和精确度。

（四）资质认证管理

资质认证管理主要包括机构资质审批、执业资格认证、培训考核等方面的内容。机构资质审批是对养老机构的合法资质进行审批；执业资格认证则是对养老机构从业人员的专业资格进行认证；培训考核则是对养老机构从业人员进行培训和考核，提升从业人员的专业素养。

（五）信息公示

信息公示主要是对养老机构的信息进行公开，包括机构的基本信息、服务质量信息、资质认证信息、星级评定等。通过信息公开，老年人和家属可以更加方便地了解养老机构的情况，从而选择合适的养老服务。

（六）数据统计分析

数据统计分析主要是对养老机构的数据进行统计和分析，包括机构收入、支出、人员构成等方面的内容。通过数据分析，监管部门可以更加深入地了解养老机构的经营状况，及时发现和解决问题。

（七）数据可视化

在养老监管平台中，数据可视化是指将监管数据通过图形化的方式呈现给用户，使用户可以通过图表、地图等视觉化手段直观地了解养老服务的监管情况和数据分析结果。

通过数据可视化，监管部门可以更加直观地展示养老服务机构的分布情况、服务类型分布、服务质量评估等信息，帮助用户快速了解养老服务的现状和问题，并能够制定更加有效的监管策略。同时，数据可视化还能够帮助养老服务机构自行分析和总结自身的服务情况，找出问题并改进服务质量，提高老年人的满意度和信任度。

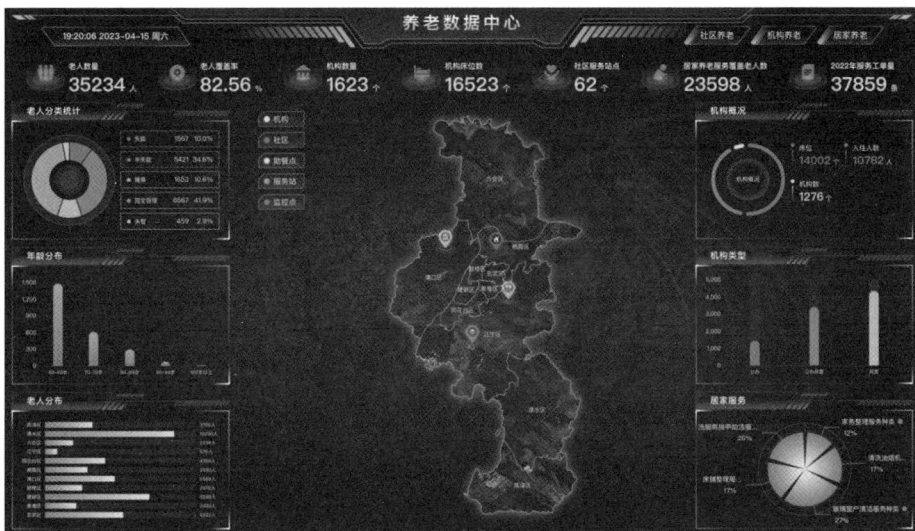

图 6-13　老龄数据可视化大屏

　　在养老监管平台中，数据可视化通常采用的是图表、地图、仪表盘等方式展示监管数据，这些数据可视化工具可以将复杂的数据关系和趋势变得简单易懂，从而使监管数据更加直观易懂。

第七章

居家社区养老服务的管理

居家社区养老服务机构要根据所服务的区域范围、老年人数量、服务内容等决定组织机构的设置和部门岗位职责。所服务的区域范围越大、区域内老年人数量越多、提供的服务内容越丰富，所需要的部门岗位和人员设置就应当越完备。

居家社区养老服务机构在目前以及未来相当长的一段时间内，都是以政府为主导、通过政府购买服务等方式，为辖区内的老年人提供居家社区养老服务。辖区范围的大小往往是由地方政府在招投标时就确定好了的。部分分散招投标、体量太小的地区，居家社区养老服务就难以形成规模效应，很难作出大的成效。很多项目，我们也与诸多前来调研的其他省份、城市的主管部门沟通，希望说服他们不要把规模型效益又变成小而散的凌乱状态，但是说服成本很高，领导的决策至关重要。

从事居家社区养老服务的机构，大部分都是微利保本甚至是亏本运营，资金使用重复，后台管理成本重复。根据以往的服务经验，我们测算，一个街道级的服务体量，按照经济学中边际成本等于边际效益的基本理论，运营成本占10%，人员成本占65%（建议最好不要超过65%，含工资、保险、福利、奖励等），财务成本占5%（垫资、投资收益），风险金占5%，管理成本占15%。成本的高低，取决于各地区的地形地貌、工资水平、服务项目、服务智慧化程度等因素，当然更重要的就是管理人员的素质与水平。在综合考虑上述因素的基础上，扩大服务对象人数，可进一步提高产出比。

从人员配置来看，服务于1个街道的服务机构，其管理人员的基础配置为4人：1名站长，1名话务员，1名督导员，1名人事行政兼文案人员。若按街道规模招标，则每家服务机构均要配置相关管理人员、支出后台运营成本。但如果这家服务机构能服务2个街道，则可节省1名督导、1名人事行政兼文案人员的支出，用于提升服务品质，如人员培训、上门服务设备采购等。以此类推，如果这个服务组织能承接 3 个及以上街道，其相关管理人员及后台运营成本的配置并不需要同步乘以街道数量，而是会有更多的空间用于提升服务品质。

由于地区差异，各个街道的老龄化程度也有所不同，服务对象数量也存在差异，从服务体量上来看，居家社区养老服务组织所覆盖的区域范围内，每月最少要产生 8000~10000 个工单，才能实现人员的完整配置、资源的有效利用以及服务组织的规模化运营，从而产生更大的社会效益和经济效益。如果单纯以街道来招标，甚至细分到社区来招标的话，这样的居家社区养老服务一定无法做大做强，很难产生规模效益。

第一节　组织机构设置

一、组织机构示意图

居家社区养老服务组织应根据所服务对象的人数、服务对象的需求以及服务组织规模的大小设置服务组织机构。一个完整的基础型居家社区养老服务站点，应设置以下 6 个部门：服务部、康复护理部、督导部、财务部、人事行政部、企划部。

服务部：负责上门服务的日常管理及落实。

康复护理部：负责康复护理、健康管理等专业上门医护服务。

督导部：负责居家养老服务的常态化检查及售后处理。

财务部：采用总部成熟的财务管理制度，由本地团队负责日常管理，并接受总部的监督指导。

人事行政部：由本地团队负责日常行政、人事事务管理，并由总部人事部进行监管指导。

企划部：负责对外宣传、业务推广、市场化业务的拓展等工作。

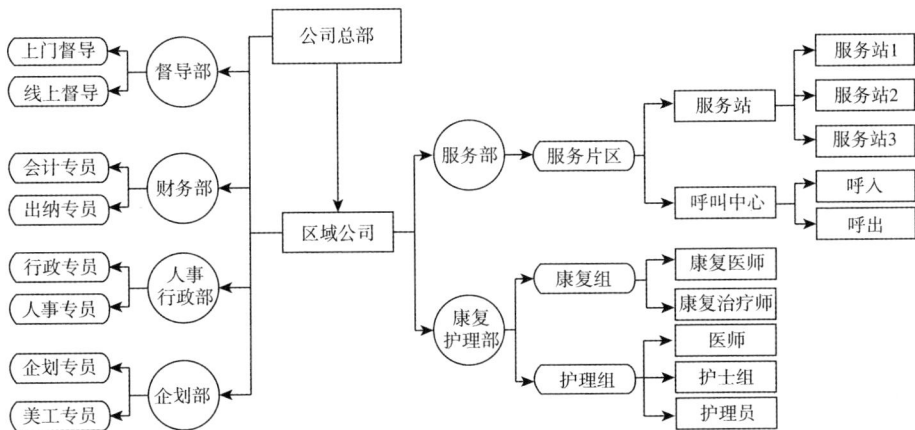

图 7-1　组织机构示意图

二、主要部门设置及职责

(一) 服务部

负责上门服务的日常管理及落实。

（1）负责居家养老服务的业务开展，管理下辖服务站点，定期向项目负责人汇报服务进展。

（2）建立服务区域老年人数据库，从服务对象、服务内容、服务满意度等多方面对服务工作进行监督管理。

（3）建立服务人员培训教育制度，负责对服务人员进行定期的服务工作的指导与培训。

（4）负责呼叫中心的日常工作，及时了解老年人的服务需求，按区域协调分配工单，妥善处理服务投诉与纠纷。

（5）定期深入服务站点和服务对象家庭，了解服务需求和服务质量，总结服务中存在的亮点和不足，并根据业务开展的需要作出相应调整。

(二) 康复护理部

负责康复护理、健康管理等专业上门医护服务。

（1）建立老年人健康管理档案，通过收集老年人基本信息、既往史、现病史、用药记录等信息，为老年人提供个性化健康档案管理服务。

（2）负责片区老年人健康状况的评估，围绕服务对象的健康水平、服务需求等方面进行专业评估，为其制订个性化居家康复护理服务方案，并及时根据老年人的健康水平进行调整。

（3）负责为老年人提供居家健康管理服务，包括血压监测、血糖监测、尿酸监测、心电监测等多种健康数据监测。

（4）负责为老年人提供居家康复护理服务，包括疾病护理、专病康复、推拿按摩、健康教育、健康宣教、心理疏导等专业康复护理服务。

（5）负责康复护理服务人员的培训教育，定期为服务人员进行康复护理专业知识、服务技能培训，并对服务能力进行阶段性抽查、考核。

（三）督导部

负责居家养老服务的常态化检查及售后处理。

（1）定期开展服务用户的回访工作，对回访情况及时汇总、分析、报告项目负责人，并及时向服务部反馈。

（2）定期开展服务对象满意度调查，对调查情况及时汇总、分析、报告项目负责人，并及时向服务部反馈。

（3）受理服务对象的投诉，及时反馈给服务部，并提出改进建议。

（4）配合服务部妥善处理与服务对象的矛盾和纠纷。

（5）抽查、督促安全制度和措施的落实，配合服务部有效处理突发事件，降低对服务的不良影响。

（6）配合服务部做好对服务人员的培训。

（四）财务部

由本地团队负责日常管理，并由总部财务部进行监管指导。

（1）起草年度经营计划，组织编制年度财务预算，执行、监督、检查、总结经营计划和预算的执行情况，提出调整建议。

（2）执行国家的财务会计政策、税收政策和法律法规，制定和执行财务管理的有关规章制度。

（3）运用专业财务管理知识与技能，降低服务组织运营成本，实现项目效益最大化。

（4）负责会计核算、会计监督工作，会计档案管理及合同（协议）、有价证券、抵（质）押法律凭证的保管。

（5）按企业财务管理要求，编写服务组织经营管理状况的财务分析报告。

（6）综合统计并分析债务和现金流量及各项业务效益情况，从财务管理角度提出专业的改进建议。

（五）人事行政部

由本地团队负责日常行政、人事事务管理，并由总部人事行政部进行监管指导。

（1）负责日常的人事、行政管理，定期组织人员培训，优化人员结构，提升团队综合能力，更好地为老年人提供居家养老服务。

（2）根据政策文件、总部行政管理制度、本地业务开展等情况，负责服务组织规章制度的制定，及时调整和完善规章制度，并督促规章制度的贯彻落实。

（3）负责人员的招聘、考核、晋升、解聘等事项，包括劳动合同签订、新员工考核、优秀员工晋升等，形成人事资料记录，归入服务组织人事档案管理。

（4）负责组织实施考勤、绩效考核、社保办理、劳动关系处理、离职手续移交办理，并进行定期统计汇总和核算。

（5）及时处理居家养老服务机构年检、证书换证、社会组织验收及等级评估工作。

（6）根据本地行政管理部门的要求及自身业务发展需要，与本地行政管理部门、服务方、服务组织合作机构保持良好的互动交流，及时进行项目申报、手续办理等事项。

（六）企划部

负责对外宣传、业务推广、市场化业务拓展等工作。

（1）开展居家养老服务的宣传工作，收集项目的服务亮点，进行微信公众号的更新、监管网站的更新工作，积极对接媒体渠道，提升公司及服务项目的知名度。

（2）积极对接社会公益组织、协会等，扩大公司影响力，并积极探索建立业务合作关系。

（3）收集整理国内外养老服务行业的市场信息，调研收集分析养老服务需求，促进居家养老服务内容的优化与提升。

（4）根据公司业务拓展情况，进行项目服务方案的设计、制订、汇报等工作，积极开拓公司市场化业务。

（5）策划特色活动，加强内外沟通及政策宣传。

（6）负责新产品、新增服务的宣传推广。

三、基本岗位设置及职责

（一）项目负责人（经理或主任）

（1）负责该项目组织机构日常运营管理和团队建设工作。

（2）负责组织部门人员、对接协调相关资源，完成工作目标。

（3）负责部门业务流程和各项制度的完善，并督促执行。

（4）负责向上级汇报项目完成进度、突发重大事项。

（5）负责部门人员培训和绩效考核，提升部门综合能力。

（6）定期对员工进行安全教育，及时处理突发事件与重要投诉，负责与地方政府相关部门协调工作。

（7）负责当地供应商的管理、评估以及新供应商的开拓，确保线下服务资源的正常运转。

（二）服务部：站长

（1）负责服务区域所属街道、社区的日常对接、沟通、汇报，维护良好的互动关系。

（2）负责服务区域的用户维护，为所辖区域用户合理安排协调服务资源，入户走访服务对象，了解用户切实需求，提高用户满意度。

（3）协助主管做好站务管理，参加每周站务会议，定期汇报服务区域的运营管理进度，根据服务开展现状，有针对性地提出工作建议。

（4）负责做好站点人事、行政事务，包含服务人员的招聘培训、各类工作台账及核对纸质工单等工作。

（5）负责督促、检查及考评站内助老员对规章制度、技术操作流程和质量标准的执行情况，保证助老安全，做好助老员的绩效考核。

（6）负责做好养老护理员培训、带教、业务指导等工作，定期进行业务技术考核并建立技术档案。

（三）服务部：护理员

（1）穿护理工作服上班，着装整齐，仪表端庄，语言文明，面带笑容，举止得体。

（2）对老年人护理应按护理流程操作规范到位。

（3）对老年人要充满爱心，热情周到，工作认真，不怕脏，不怕累，不怕麻烦。

（4）严格落实安全管理责任，避免安全事故发生。

（5）注意观察老年人身体变化，发现问题及时联系家属和医护人员。

（6）保持老年人身体、衣服、床上用品及室内清洁整齐。

（7）引导老年人正确使用健康监测及健康理疗设备。

（8）不得接收老年人及家属的红包或物品。

（四）服务部：社会工作师

（1）定期走访养老服务对象，对重点服务对象开展个案分析工作，实施个案管理。

（2）运用小组工作和群体工作的方法，组织动员社区居民及老年人开展互助活动。

（3）协助失能老年人和家属做好长护险的申请、调查工作，做到了解、掌握政策，确保申请事项及材料的真实性、变更的及时性。

（4）培育和发展社区社会组织、志愿者队伍，积极开展各类社区服务活动；整合社区资源，依靠社会力量，开展便民利民服务活动。

（5）参与老年人能力评估和服务质量评估，参与有关活动项目的策划，对专业服务项目推广及决策提出建议。

（6）对团队的运行情况提出专业建议，及时调整服务方案，优化服务效果。

（7）及时向政府和有关部门反映居民对养老服务工作的意见和要求。

（五）服务部：老年人能力评估师

（1）制订老年人能力评估计划和评估方案。

（2）按照标准化评估程序和评估方法，准确评估老年人能力，对老年人能力进行分类划分。

（3）编写并出具老年人能力评估报告。

（4）协助进行服务方案"套餐"的推荐和制订。

（5）完成部门领导交付的其他工作任务。

（六）服务部：呼叫中心呼入客服

（1）严格按照标准流程的要求，以专业、规范、端正的服务态度，做好热线接听、来电内容记录、第一时间处理反馈来电咨询或投诉问题。

（2）按照标准回访流程要求，做好回访和满意度调查，整理回访结果，并依据老年人反馈撰写服务改进建议，报客服主管。

（3）依据回访结果，跟进满意度欠佳的工单服务改进状况和客户投诉事宜的解决状况。

（4）做好社区服务网信息库的信息录入工作。

（5）及时做好案例的编写工作。

（七）服务部：呼叫中心呼出客服

（1）核实交接的事务类求助个案的真实性，及时处理交接的求助个案，对交接的个案进行回复。

（2）对涉及有关职能部门的个案进行协调移送，移送件在半个工作日内报中心办公室审批后移送至有关部门。

（3）对移送至有关部门的未结案件的处理进程进行跟踪，对已结案工单及时回访。

（4）及时记录个案的处理进程和跟踪情况，并在每周例会上交流、汇报。

（5）做好夜间紧急求助受理执行工作，急事急办，为求助者提供满意的服务。

（6）做好结案归档及典型案例的编写工作。

（7）妥善保管好办公机具，移交时应保证其处于正常工作状态。

（八）督导部：督导

（1）负责养老服务质量的督导工作，建立健全服务质量反馈制度，为服务对象提供投诉与建议的渠道。

（2）负责服务对象满意度调查，根据服务对象的意见与建议提出改进办法，协助服务部改进服务工作。

（3）向社会公布监督投诉电话，主动接受社会监督。

（4）主动与社区、街道、民政部门沟通，听取对本机构养老服务工作的意见和建议，反馈给项目负责人和服务部，督促服务部及时改进服务工作。

（5）指导协调呼叫平台的日常工作，保证呼入、呼出电话的畅通。

（九）人事行政部：人事专员

（1）负责各部门人员招聘：简历筛选、候选人沟通、邀约面试、协助面试、入职通知等。

（2）负责办理人员入职、离职、转正、合同续签等手续：入职申请表、入职须知、新人引导、劳动合同、签收合同确认书打印讲解签字确认、收集入职资料归档；离职申请表、离职交接表打印讲解签字确认，收集离职资料归档；转正流程跟进；劳动合同续签征询表、劳动合同续签意向通知书打印收集归档。

（3）负责管理人员档案：新建人员档案、入职资料归档、扫描电子档案上传微盘、人事异动资料单更新、协助配合其他部门借阅使用。

（4）负责制作试用期考核跟踪表、收集打印反馈归档；延期转正、转正通知函制作打印。

（5）负责员工花名册的维护。

（6）负责公积金、薪资制作，问题解答、公积金代缴沟通、公积金按月补缴、金额补缴操作、公积金转移手续沟通操作等。

（十）人事行政部：行政专员

（1）协助经理或主任做好工作计划及预算管理：协助制定、完善各项行政管理制度；配合制定行政经费预算，严格把控各项行政经费的支出；管理维护公司办公 OA 系统，调整人员组织架构及各类审批流程；监督办公用品、办公设备的购买、使用和维护；公司月度考勤表制作，检查各分子公司考勤准确度。

（2）行政接待及公司活动的组织工作：协助经理或主任筹备各类来访客户的接待工作；组织协调公司年会、员工活动、节假日活动及各类会议工作。

（3）会务的组织及公告管理：起草发布公司各类通知、公告、制度等对内文件，并归类存档；协助经理或主任组织召开公司各类会议，编写会议纪要并下发给相关人员。

（4）办公场地、环境维护及管理：根据办公规范的相关规定检查各部门办公环境卫生、办公区域安全、人员仪容仪表情况。

（5）物业对接以及各类设施维护、报修。

（6）公司各类资质、证件、印章的管理与维护：管理公司重要资质、证件、印章等；各类工商手续办理；公司各类用印文件审核、盖章。

（十一）财务部：会计专员

（1）建立居家社区养老服务中心日常营业项目的财务制度。

（2）建立居家社区养老服务中心的进、出明细账，严格财务、物品管理制度，做到账款相符、账物相符。

（3）每月核对各站点服务人次与服务数量，及时上报给上级部门，各类明细账目及单据保存完整、及时归档。

（4）统计营业报表，统计各部门各人员的绩效考核完成率，统计并发放员工工资及志愿者补贴。

（十二）财务部：出纳专员

（1）负责办理现金报销和银行存款收付业务，根据收付款凭证逐笔顺序登记现金日记账和银行存款日记账，并结出余额。

（2）掌握银行存款余额，不准签发空头支票，不准出租出借银行账户为其他单位办理结算。

（3）保管库存现金和各种有价证券（如国库券、债券、股票等），并确保安全与完整。

（4）建立现金和有价证券保管责任制，如发生短缺，属于出纳员责任的要进行赔偿。

（5）保管有关印章、空白收据和空白支票。

第二节　员工素质及培训

一、员工素质

居家社区养老服务的对象主要是高龄、失能、空巢独居的老年人，是特殊的群体，对服务机构从业人员的素质有较高的要求。

（一）基本要求

（1）具有有效的从业资格和执业证书。

（2）会讲普通话，能听懂本地方言。

（3）能熟练使用计算机和智能手机。

（4）对所有服务对象相关信息资料要严格保密。

(二) 职业守则

(1) 尊老敬老、爱岗敬业。

(2) 以人为本、服务第一。

(3) 遵纪守法，廉洁自律。

(4) 吃苦耐劳，奉献爱心。

(三) 一般工作礼仪

1. 仪表

上班时须佩戴工作牌，穿着工装，仪表端庄、状态饱满、专业服务；头发洁净、整齐。

着装需大方、得体，保持衣服干净、整洁，不穿短裙、低胸衫、透视服、吊带服或其他有碍观瞻的奇装异服。

上班不得涂抹鲜艳的指甲油。

2. 仪态

目光：目光柔和，面对前方。

表情：面带微笑。

动作：规范、适度、利落。

坐姿：端正自然，不倚靠，不下趴，不上仰，不跷二郎腿。

手势：双手自然放在面前的电脑键盘上。

语言：亲切周到的语言、温暖甜美的声音、清晰简练的话语。

态度：诚恳有礼，但不卑微。

3. 礼仪

同事见面：相互问好，如"早上好""下午好"。

与客户进行交流时：面带微笑，使用标准问候语；注意语音、语调，要让自己的问候充满温暖；声音明快，态度耐心亲切；吐字清晰平缓，语气温和沉稳；避免说话过快；决不能讽刺挖苦客户，如与客户争执，应平息客户的怨气。

4. 通话禁忌

通话过程中不吃东西（包括口香糖）和喝水。

尽量不让客户听见通话外的其他声音。

如果其他人在你身边大声谈话，要及时制止，同时自己注意同事在接电话时不要打扰他。

在通话中不要对客户进行评价。

客户咨询时：客户询问的问题比较多时，要耐心解答、细心引导。

客户等候时：使用标准用语，当你回到话筒旁，要先谢谢客户等候，如感谢您的耐心等待。

结束通话时：重复重要的信息；问客户，你还能为他做些什么；感谢客户来电；在肯定的语气中结束通话。

即使对顾客不满，也不要挂断电话后骂顾客，会影响到其他人的心情。

心情不好时也不能摔电话，可以找一些其他缓解的方式，调整好心态。

（四）客服工作礼仪

客服人员在受理客户咨询、求助、投诉时，必须严格执行规范的服务用语，态度和蔼、亲切，热情帮助客户处理问题、解决疑惑。

客服人员在工作过程中，应严格按照"三要、三不、四个一个样"的要求去做：

三"要"：要"请"字当头，要"您"字不离口，要"再见"结尾。

三"不"：不使用生硬语言，不说推卸责任的话，不责备埋怨客户。

四个"一个样"：生人熟人一个样、有无检查一个样、工作忙闲一个样、情绪好坏一个样。

二、员工培训

（一）培训内容

1. 素质培训

培养员工具有良好的职业道德和正确的服务态度，维护团体良好形象，全心全意为客户服务。素质培训应包括政策法规、规章制度、行业规范、职业道德、企业文化、安全教育、礼仪修养、沟通技巧等。

2. 专业技能培训

为促进服务人员服务技能的提升，为老年人提供专业服务，需对服务人员定期开展服务专项技能培训。培训内容主要包括生活照料服务、安全守护服务、康复护理服务、精神慰藉服务、文化体育服务、法律援助服务、慈善救助服务等。

3. 安全管理培训

风险防控及应急预案的培训。

（二）培训计划

居家社区养老服务机构要十分重视对员工的教育培训，应制订较全面的全员培训计划。

1. 委托培训计划

居家社区养老服务机构应根据实际需要制订委托培训计划，委托由人社部门认定的有资质的专业培训学校，开展养老护理员、老年人能力评估员、社会工作师等专业技术培训，并取得职业技能证书。

2. 岗前培训计划

居家社区养老服务机构应制订岗前培训计划，员工上岗前必须经过岗前培训，应做到未经培训不得上岗。

岗前培训应包括政策法规、规章制度、企业文化、安全教育、行业规范、职业道德、礼仪修养、沟通技巧等。

3. 在职培训计划

在职培训的目的是进一步提高服务能力和水平。可采取短期培训，组织相关专业有较高职业技能和较好职业道德的业务骨干，现场教学示范，帮助新员工提高职业技能、业务水平和服务能力。

三、轮岗锻炼

轮岗锻炼的目的是培养骨干力量和多面手，使他们得到较为全面的发展，前提是必须胜任本职工作。不同部门间的轮换，主要是使其能够熟悉不同部门、单位及各岗位主要职责和相互协调配合情况。具体轮岗时间根据培养计划及实际情况确定。

四、考核体系

考核可分为学习期间考核和学习结束综合考核。学习期间考核：学员要有工作小结及自我评估改进意见。指导老师和主管负责人对其评价。学习结束综合考核：采取"三结合"方式，即结合工作总结进行民主测评，结合带班指导老师、轮岗部门或部室负责人的意见进行评分，结合老年人满意度进行评分。按照人才培养的不同时期、不同层次，分别制定不同考核指标；考核主要侧重专业素质、综合能力和服务质量三方面。综合考评采取问卷打分方式，分别根据指导老师、民主测评、老年人满意度三个维度按照30%、30%、40%的比例计算出加权得分，以此得分作为衡量综合考评结果的依据。

第三节　服务流程及制度建设

一、服务流程

（一）汇总信息数据

（1）汇总政府服务对象数据，将数据按原有信息登记并录入智慧养老系统。

（2）服务人员名单录入，将本地化服务团队名单录入系统，人员按照服务内容、服务区域进行归类。

（二）上门评估

（1）评估人员上门摸底被服务对象住址及家庭状况，充分、详细且准确地登记汇总，初步与被服务对象沟通服务需求。

（2）了解家庭成员情况，将应急联络人信息登记准确，并告知将电话通知上门服务开始时间及服务内容。

（三）数据平台匹配

（1）在充分了解被服务对象真实需求的同时，最大限度满足被服务对象的个性化需求。

（2）将服务对象与服务人员进行归属地匹配、服务项目匹配。

（四）服务订单制定

（1）与被服务对象或被服务对象家属、监护人联系，告知其服务内容、服务清单，预约上门服务时间。

（2）签订上门服务免责条款与上门服务协议文书。

（五）居家养老服务培训

（1）将居家上门服务团队进行划分，分为健康管理组、康复护理组以及家政服务助老组，分批次进行培训，形成流水线式的居家上门服务。

（2）根据被服务对象身体状况及家庭因素，在有条件的情况下，对被服务对象家属进行培训，培训内容包括居家安全防护、居家照护知识、家庭床位建设的政策宣导等。服务过程中，出现特殊情况时，服务人员应按照规定的处理方式进行处理，并在第一时间通知服务机构和服务对象或家属。

（六）服务实施

（1）携带健康证或体检报告进行居家上门服务。

（2）为老年人建立健康档案，进行初步筛查，咨询老年人有无慢性病史、传染病史及突发性疾病。

（3）登录智慧养老居家服务 App 打卡计时，开始服务。

（七）服务反馈

（1）将当日服务上传系统，查看次日上门服务清单内容。

（2）将当日遇到的服务问题转交客服组登记，并记录在智慧养老居家服务 App 上。

（3）转交服务工单，对有特殊健康需求及其他服务要求的工单，特殊标注后转交其他部门。

（八）服务订单抽查及制作服务台账

（1）每隔一个服务周期，对已完成的服务进行电话抽查。

（2）不定期随访抽查，调查服务对象及其家属的满意度及服务需求。

（3）及时统计汇总服务台账。

二、制度建设

居家社区养老服务机构应根据服务管理工作的需要，建立基本管理制度：

（1）建立服务人员招录、培训、考核、奖惩、辞退等管理制度。

（2）建立档案管理制度，妥善管理服务人员档案。

（3）建立服务合同管理制度。

（4）建立包含服务方案、服务记录、服务监督与考核等内容的质量监督体系，并实施服务信息化管理。

（5）建立服务回访制度、满意度调查制度和投诉调查反馈制度。

（6）建立财务管理制度和物资管理制度，各类开支项目清楚，凭证、账簿符合财务规定，社会救助、慈善捐赠专款专用，有详细使用记录。

（7）建立风险防范制度和措施，制订安全应急处理预案。

第四节　常见风险防控及应急预案

一、主要风险因素分析

居家社区养老服务过程中的风险主要包括老年人突发疾病、传染性疾病，老年人发生意外风险，发生火灾、爆炸等安全事故。

（一）老年人突发疾病

老年人大多患有基础性疾病和慢性病，疾病加速了生理性衰老，使老年人肢体和脏器功能退化，增加了不安全因素，使疾病发作、意外伤害事件发生的概率剧增。患有糖尿病的老年人突发低血糖晕厥、摔倒，患有低血压的老年人由于体位突然改变而引发摔倒，中风、骨质疏松的老年人极易引发骨折等。居家社区养老服务人员在服务过程中，应对老年人多观察、多提醒、多呵护，以防意外发生。

（二）老年人身体能力下降

老年人机体老化、肌张力下降，关节活动范围减小，视力、听力、嗅觉、皮肤感知能力下降，体力、耐力、平衡能力、反应力减退，这些因素使得老年人规避风险的能力显著降低，成为意外伤害事件的高危人群。老年人常见的意外风险主要有跌倒、噎食、误吸、窒息、烫伤等。许多老年人的意外伤害与老年人肢体、脏器功能衰退有关。

（三）适老化改造不到位

社区老年人日间照料中心、老年人活动中心、老年人家庭（室内外）的适老化改造不完善、不规范、不配套，给老年人留下安全隐患。

（四）服务人员因素

服务人员没有经过专业培训，不具备上岗服务资格和条件，对老年人身体、心理变化以及疾病护理知识相对缺乏，安全防范意识薄弱，也会增加老年人意外伤害事件发生的概率。

（五）管理因素

如果疏于管理，即使硬件设施再好，也会发生安全事故。管理上的问题主要表现在制度不健全、责任不落实、管理不到位。平时缺乏安全隐患检查、识别机制，意外发生前毫无防范，意外发生后的应急措施跟不上，应急抢救措施无记录等。

二、常见风险防控

（一）跌倒

1. 根据表 7-1 中的内容判断跌倒的常见风险因素

表 7-1　跌倒的常见风险因素

项　目	内　容
易发生风险的时间和地点	起床和上床时、站立和坐下时、如厕时
生理功能	视力障碍、眩晕、肢体功能障碍和自控体位能力下降等
既往病史	有跌倒史；患有心脑血管病、帕金森病、骨关节病、精神疾病等
药物应用	使用镇静安眠药、降压药、降糖药、抗精神疾病药等
环境	地面不平、湿滑、有障碍物；灯光昏暗或刺眼等
老年人或照顾者的认知及行为	对跌倒认知不足或无认知；手杖、助步器、轮椅使用不当；着装过于肥大、床单或睡袍过长等

2. 跌倒风险评估

确认跌倒风险因素后，宜使用《养老机构预防老年人跌倒基本规范》（MZ/T 185—2021）进行评估，并判断风险程度。

表 7-2　跌倒风险评估量表

项目	评分标准	得分
近三个月内跌倒史	否＝0	
	是＝25	
超过一个医疗诊断	否＝0	
	是＝15	
行走是否使用辅助用具	不需要/卧床休息/护士协助＝0	
	拐杖/手杖/助行器＝15	
	轮椅/平车＝30	

续表

项目	评分标准	得分
是否接受药物治疗	否 = 0	
	是 = 20	
步态/移动	正常/卧床不能移动 = 0	
	双下肢虚弱乏力 = 10	
	残疾或功能障碍 = 20	
认知状态	自主行为能力 = 0	
	无控制能力 = 15	
总得分		

注：得分 0~24 分，低风险；得分 25~45 分，中风险；得分≥45 分，高风险

3. 防控措施

（1）居室

①室内光线要充足；

②地面平整无杂物，尽量消除高度差；

③室内家具、常用物品放置合理；

④开门方向要合理（应向房间里面开，而不是向过道开）；

⑤地面清洁、干燥、无障碍物，脚垫不易滑动，放置安全；

⑥床最好一侧靠墙，床的高度适合老年人的身高和起居习惯。

（2）卫浴

①扶手位置合理，无松动；

②宜设置防滑脚垫、浴盆垫；

③宜设置紧急呼救或呼叫对话按钮；

④宜使用洗澡床，或配置洗澡椅洗浴。

（3）衣物和视听

穿舒适的鞋袜，避免衣裤过长。配置合适的眼镜、助听器来弥补视听障碍。

（4）起床

做到"三慢"，醒来后在床上静数分钟慢起床，坐起后停数分钟慢站起，站起后停数分钟慢行走。

（5）外出

①选择无障碍设施完善的场所；

②搭乘电梯时要扶好扶手；

③尽可能贴近墙边，或扶着栏杆行走；

④穿防滑鞋，大小应合适；

⑤避免到人多和湿滑的场所；

⑥选择合适的手杖、助行器和轮椅。

（6）对使用药物的老年人，应观察用药后的反应，并给予相应的护理措施。

①使用降压药应观察血压变化；

②使用降糖药应观察有无低血糖反应；

③每次使用镇静、安眠药后应立即卧床休息；

④使用精神药物应观察意识状况和肌力，更换体位时应按老年人改变体位注意事项执行。

4. 跌倒处置

（1）发现老年人跌倒时应立即呼叫医护人员到现场。由医护人员评估老年人意识、伤情、生命体征，检查摔伤部位，暂时制动，安排合适体位。

（2）老年人仅为擦伤时，配合医护人员局部止血、伤口包扎，使用轮椅将老年人送往医院。

（3）怀疑老年人骨折时，应立即呼叫救护车，并通知老年人家属。

（二）烫伤

1. 根据表7-3的内容判断烫伤的常见风险因素

表7-3　烫伤的常见风险因素

项　目	内　容
生理功能	意识模糊、温痛觉下降、视力障碍、部分生活不能自理等
现病史	患有阿尔茨海默病、帕金森病、糖尿病、脑中风偏瘫等
环境	设施、设备放置位置不合理
医源性因素	热物理治疗仪器、药物热疗、热水袋等使用方法不正确
老年人或照顾者的认知	对烫伤认知不足或无认知

2. 防控措施

（1）使用热水袋时，不应直接接触皮肤，水温应低于50℃；

（2）使用各种热物理治疗仪器时，应按说明书要求，保持安全有效距离。老年人出现谵妄、烦躁不安、不合作时，应在专人陪护下进行治疗；

（3）洗漱、沐浴前应调节好水温，先放冷水，再放热水；

（4）应避免老年人接触高温器具，暖水瓶放置位置合理，并有固定装置；

（5）应避免老年人饮用、进食高温饮食。

3. 烫伤处置

（1）发现老年人烫伤，服务人员应立即赶到老年人身边安抚老年人，帮助老年人脱离热源，报告医护人员。

（2）轻度烫伤：面积不大，可用凉水冲洗或浸泡15~20分钟。

（3）中度以上烫伤：可用凉水冲洗，并呼叫救护车送医急救。

（三）走失

1. 常见风险因素

阿尔茨海默病、脑血管病、脑伤害等引起的认知障碍。

2. 防控措施

（1）详细了解老年人的情况，对重点老年人要重点观察，专人监护；

（2）及时发现老年人的心理变化，经常征求老年人意见，了解老年人的需求，满足老年人的合理要求，开展心理疏导，及时调解各种矛盾；

（3）陪同老年人外出时，注意力要集中，将老年人置于视线范围之内，一旦发现老年人走失，应立即报告，并通知老年人家属，必要时报告当地公安部门协助寻找；

（4）改善服务，加强对老年人心理、精神上的支持，切勿使用刺激性语言。

（四）噎食

1. 根据表7-4的内容判断噎食的常见风险因素

表7-4　噎食的常见风险因素

项　目	内　容
生理功能	吞咽功能异常、咽反射减弱等
既往病史	患有脑血管病、阿尔茨海默病、帕金森病
医源性因素	大量镇静药应用
老年人或照顾者的认知	对噎食认知不足或无认知

2. 吞咽功能评估

确认噎食风险因素后，宜使用《吞咽功能评估表》进行评估，并判断吞咽功能异常程度。

表7-5　吞咽功能评估表

级别	评定标准
Ⅰ级	坐位，5秒之内能不呛地一次饮下30毫升温水
Ⅱ级	分两次饮下，能不呛地饮下
Ⅲ级	能一次饮下，但有呛咳
Ⅳ级	分两次以上饮下，有呛咳
Ⅴ级	屡屡呛咳，难以全部咽下

续表

级别	评定标准
Ⅰ级	正常
Ⅰ级（5秒以内）或Ⅱ级	可疑吞咽功能异常
Ⅲ、Ⅳ、Ⅴ级	吞咽功能异常

3. 防控措施

（1）护理老年人进餐时，应以松软的食物为主。不要给老年人吃完整的煮鸡蛋、元宵、馄饨等圆形、带黏性的食物。

（2）对评定为Ⅲ级、Ⅳ级、Ⅴ级吞咽功能异常的老年人，应遵医嘱进食或给予管饲饮食。

（3）应保证老年人在清醒状态下进餐，进餐时宜取坐位或半卧位，颈、胸、腰部骨折或手术等不能采取坐位的患者，可采取侧卧位。

（4）老年人进餐时应保持安静，不宜讲话，进餐速度不宜过快，出现呛咳应立即停止进餐。

（5）老年人进餐后应保持非卧位30分钟以上。

（6）出现一侧舌肌瘫痪、失语能够吞咽的老年人，应协助进餐。

4. 发生噎食的抢救

老年人进食过程中发生噎食，服务人员应停止让老年人继续进食，立即将老年人采取坐位或立位，帮助老年人快速清除口腔积食，拍背协助老年人将食物吐出。

如上述方法无效，应采取海姆立克急救法，直至异物排出。

现场医护人员不能处置的噎食情况，应立即呼叫急救车将老年人送往医院急救。

三、预防意外事故发生的主要措施

（一）室内光线要适度

室内要采用分散柔和的光线，过道、门前要有照明灯，夜间要有柔和的地灯或壁灯。

（二）房间和公共场所要采用无障碍设施

室内地面平整，不设门槛、台阶，消除地面障碍；选择防滑地面材料，必要的地方安装扶手，特别是厕所、浴室，要有防滑垫和扶手。

（三）活动空间要宽松

家具杂物不要过多，要便于老年人通行；家具要做到无棱角，不使用玻璃家具；在可能发生危险的地方或装置上（如台阶、燃气灶、电插头等）做有标识，起到提醒老年人和家属的作用。

（四）有安全保护措施

对于年老体迈的老年人来说，要时刻注意防止意外事故的发生；帮助老年人和家属选择适合老年人的辅助器具，如轮椅、助行器、手杖等；有视力障碍的老年人应选择适当的眼镜，有听力障碍的老年人应选择助听器，弥补视听障碍；记忆力减退的老年人，可使用计时器、报警器、备忘录等来弥补；在家用物品的选择上，要充分考虑安全因素，最好选用带有鸣笛装置的锅、壶等。

（五）衣着舒适，便于活动

老年人衣着要简单、合身，使自己活动自如，以柔软的棉麻布料为宜；要选择平跟防滑鞋具，保证老年人的安全。

（六）做好风险隐患的检查

（1）通道光线要充足；室内外地面要平整，无坑洼不平；地面使用防滑材料，拖过地后要等地面完全干后再通行；雨雪天道路泥泞，行动不便的老年人最好不要外出。

（2）居室地面无杂物，便于老年人通过，并且做到防滑；室内家具无棱角，放置合理，不使用玻璃家具。不要突然开门，以免撞到老年人；脚垫不易滑动，放置安全合理。

（3）厕所和卫浴的扶手位置合理，无松动；合理使用防滑脚垫；装有紧急呼叫按钮，以便老年人洗澡过程中有不适能及时告知养老护理员；装有排风装置，防止老年人呼吸不畅。

（4）厨房排风装置完好，地面有水时要及时擦干，配有漏气、漏水、火灾报警器。

（5）在有可能发生危险的地方或装置，如台阶、燃气、电插头等处，可做一些标识提醒老年人。

四、应急预案

居家社区养老服务机构应制订应对自然灾害、各类事故、公共卫生事件、社会安全事件、老年人意外伤害事件的应急预案，并结合本机构实际情况制订处置专项突发事件的应急预案。

应急预案的内容应包括指导思想、组织架构、职责分工、处置原则、预案等级、处置秩序、物资储备、工作要求等。各类应急预案应根据实际情况的变化不断补充、完善。

（一）应急处理原则

（1）发生事故后，抢救受伤人员是第一任务，现场指挥人员要冷静沉着地对事故和周围环境作出判断，并有效地指挥所有人员在第一时间积极抢救伤员，安定人心，消除人员恐惧心理。

（2）事故发生后，要快速地采取一切措施防止事故蔓延和二次事故的发生。

（3）要按照不同事故类型，采取不同的抢救方法，针对事故的性质，迅速作出判断，切断危险源头，同时进行积极抢救。

（4）事故发生后，要尽最大努力保护好事故现场，使事故现场处于原始状态，为查找事故原因提供依据，这是现场参与应急处理的所有人员必须明白并严格遵守的重要原则。

（5）发生事故后，要严格按照事故的性质及严重程度，遵循事故报告原则，快速向有关部门报告。

（6）要加强全体员工的培训，提高员工和服务人员的素质；要完善老年人活动区域，做好老年人居室的适老化改造；要把防范意外事故的发生放在安全工作的首位。

（二）应急反应组织机构

应急反应组织分两级：第一级直接对接现场，由项目部领导成员组成，是事件发生第一反应小组，也是事件的控制中心；第二级间接对接现场，由企业总部领导成员组成，它支持、服务于第一级应急小组工作，为第一级应急小组提供财政支持和社会关系求助，对第一级应急小组工作提供建议和决策参考。

项目经理是安全防控的第一责任人，分管业务的副经理是安全防控的主要责任人，项目部应建立安全事故应急处置领导小组。

各部门人员在事故应急处置中，应服从领导，履行职责，有机配合，具有良好的应急准备和应急响应的战斗力。

应急处置领导小组主要职责：

（1）组织项目部有关人员按照应急预案迅速开展抢险救灾工作，力争将损失降到最低；

（2）根据事故发生状态，统一部署应急预案的实际实施工作，并对应急工作中发生的争议采取紧急处理措施；

（3）根据预案实施过程中发生的变化和问题，及时对预案提出调整、修订和补充意见；

（4）在本项目范围内紧急调用各类物资、设备、人员；

（5）根据事故情况，一旦发生危及周边环境和人员的险情时，组织人员和物资疏散工作；

（6）配合上级部门进行事故调查处理工作；

（7）做好稳定施工生产秩序和伤亡人员的善后及安抚工作；

（8）根据事件发生对象，组成事件响应救援队伍，一级救援队伍来源于项目经理部各部门。

（三）应急程序

1. 应急程序的启动和响应

事故发生时，由应急处置领导小组发出启动应急反应程序令，按应急程序的规定和要求以及事故现场的特性，执行应急反应行动。根据事态的发展需求，及时启动应急救援资源和社会应急救援公共资源，最大限度降低事故带来的经济损失，减少人员伤亡。

2. 应急程序的终止

事故现场经过应急程序实施后，引起事故的危险源得到有效控制、消除；所有现场人员均得到清点；不存在其他影响应急程序终止的因素；应急救援行动已完全转化为社会公共救援；局面已无法控制和挽救的，现场相关人员已经全部撤离；应急处置领导小组根据事故的发展状态认为必须终止的，由应急处置领导小组下达应急程序终止的决定。

（四）应急救援的培训与演练

居家社区养老服务机构应组织各项目部有关人员进行有效的培训，具备完成应急任务所需的知识和技能。

主要培训以下内容：

（1）医疗急救；

（2）灭火器的使用以及灭火步骤的训练；

（3）生产安全防护、作业区安全警示设置、个人的防护措施、生产用电常识、交通安全、器械的安全使用；

（4）危险源的突显特性辨识；

（5）事故报警；

（6）紧急情况下人员的安全疏散；

（7）现场抢救的基本知识。

员工经过有效的培训后，还应定期组织演练。员工变动较大时，要不定期增加演练次数。每次演练结束，要及时作出总结，对存在的问题，在以后的工作中整改、提高。

第八章

居家社区养老服务的
监督与监管

第一节　服务质量的内部监督与考核

一、服务质量监督

居家社区养老服务机构应建立有利于监督服务质量的服务反馈体系，为服务对象提供投诉与建议的渠道，监测服务对象满意度，同时根据服务对象反馈及时改进服务，提高服务满意度。

居家社区养老服务机构应主动接受社会监督，公布监督投诉电话。为服务对象设置多元化服务质量反馈渠道，以便于服务对象及时反馈自身服务体验和建议。可采用三级反馈的方式，分别为服务满意度评分、呼叫中心座席回访和满意度抽查。

（一）一级反馈：服务满意度评分

服务人员上门提供服务，服务结束后，服务对象对服务人员的服务质量、服务态度等进行打分并签名。服务对象可以根据个人服务感受，如实客观地对提供服务项目的服务人员进行反馈、评价。服务管理人员将根据服务对象的服务评价作出相应安排与服务追踪。

（二）二级反馈：呼叫中心座席回访

呼叫中心座席将于 3 个工作日内对所有派发出的工单进行电话回访。呼叫中心座席按照回访的承诺流程进行操作，回访的主要内容为服务对象对服务质量、服务态度是否满意以及是否有改进建议等。

服务对象也可拨打呼叫中心座席电话反馈意见。工作人员将根据服务对象的评价与建议，上报给服务管理人员，并作出相应服务改进。

（三）三级反馈：满意度抽查

督导部将定期与不定期进行满意度抽查，分别通过电话回访及上门回访的方式，对回访结果进行书面评估与总结，及时反馈，并根据回访结果作出相应处理。

(四) 服务质量反馈处理

凡服务对象对服务方面的投诉，不论采取何种方式，如信函、电话、传真或来人面谈，统一由督导部集中登记、组织处理、向服务对象反馈处理结果。

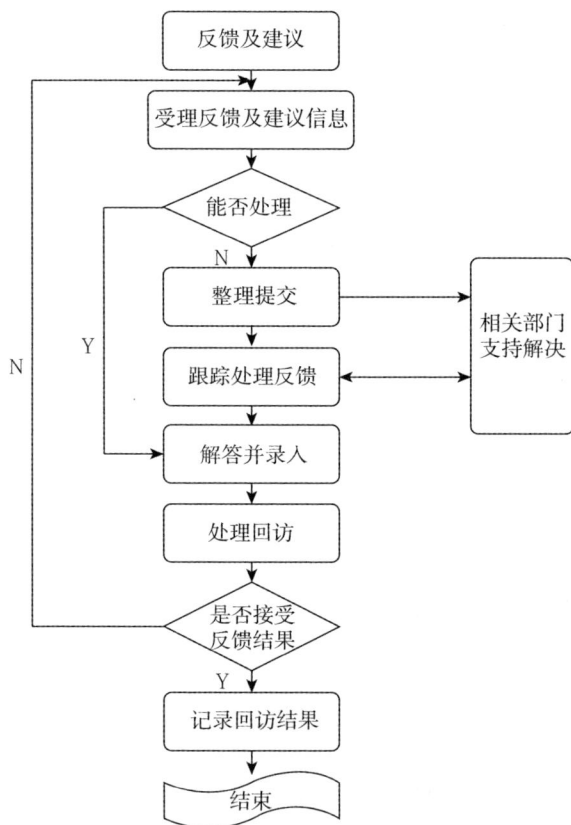

图 8-1 服务质量反馈处理流程

督导部建立《服务对象投诉登记表》，对每份投诉或意见均予以记录。记录的内容包括援助服务对象姓名、投诉编号、投诉性质或内容摘要、处理结果等。

督导部根据服务对象投诉内容召集相关人员分析原因，判定责任归属，制订处理方案，将《服务对象投诉处理通知单》下达相应人员进行处理。

对一时无法处理、需统一协调的重大投诉问题，督导部应直接报项目负责人，由项目负责人作出处理决定；督导部需对援助服务对象投诉的处理进程进行督促。

相关人员在接到服务对象投诉时，作为"首问责任人"，必须对服务对象投诉进行记录，了解服务对象投诉内容、理由及要求；"首问责任人"必须关注、配合服务对象投诉的处理进程；"首问责任人"对能够独立解决的服务对象投诉问题，应立即予以解释、解决。

二、服务质量考核

（一）服务可靠性和专业度考核

对于生活照料类、健康服务类、精神关爱类及老年人个性化服务等服务项目，设立各类服务的服务项目专业性考评维度，各维度考评实行打分制。

（二）服务对象需求响应及时性考核

根据项目服务需求，对于居室整理类、助洁服务、助行服务、康复护理服务类及老年人个性化服务等服务项目、服务内容的智能派单、上门时间预估、项目完成时间预估等内容，对服务人员进行精准的服务需求响应及时性考核。

接单响应时间：鼓励接单及时、快速的服务人员；对于拒绝接单、抢单等情况进行批评改正、扣除奖金等惩罚措施，以避免平台派单无人响应、接单不及时等情况，确保第一时间响应老年人需求。

（三）服务态度考核

根据服务满意度调查等对服务人员的服务态度进行考核。

（1）非常满意，可获得奖励，当月非常满意率超90%，可以获得优质服务工作者荣誉称号并增发月度奖金。

（2）满意，对于服务评价为满意的服务工作人员给予认可并鼓励。

（3）一般，领导及时谈话，提出要求，安排服务专业知识及服务态度、服务礼仪培训。

（4）不满意，进行批评教育，并责令改正，加强专业性培训，出现一次不满意评价扣除50%当月奖金。一个月内超过三次不满意评价的，建议调离岗位，或直接辞退。

（四）服务差错报告

1. 及时报告

及时报告本人服务差错、未造成老年人受伤及财物受损的，免除对其服务差错的处罚；及时报告他人服务差错、因其报告及时有效避免老年人受伤或挽回损失的，给予奖励。

2. 拖延报告

因拖延时间、未及时报告造成人员受伤、财物受损、服务进度受阻的，对于拖延报告当事人进行扣除奖金并处一定金额的罚金；屡次发生服务差错并拖延报告造成重大损失的，处以开除处罚。

3. 隐瞒不报

发生服务差错、隐瞒不报造成损失的，对隐瞒不报当事人处以一定金额的罚金；相关管理人员在知悉其所管辖服务人员发生服务差错的情况下仍然包庇隐瞒的，承担由此造成的所有损失。

第二节　政府监管

一、建立养老服务综合监管制度

政府各职能部门按照职责分工，依法履行业务指导和监管职责，实行清单式监管，监管事项、措施、依据、流程、结果向社会公开。

（1）民政部门负责养老服务机构服务内容的监管。

（2）建筑工程（含新建、改扩建）和消防工程的安全监管，由住房和城乡建设管理部门依法实施；日常消防监督检查，由应急部门负责；特种设备安全监管，由市场监管部门负责。

（3）养老服务机构的环境影响评价审批或备案，由环境部门负责。

（4）对养老服务机构的食品（含助餐）安全监管，由市场监管部门依法实施。

（5）对从业人员劳动合同、聘用合同的签订，社保缴纳，养老护理员职业技能培训，职业技能等级认定工作的监管，由人力资源社会保障部门依法实施。

（6）对养老服务机构的补贴、福利彩票公益金、政府购买服务资金申领使用情况的监管，由民政部门会同财政、审计等部门依法实施；对医保和长期护理保险基金申领使用的监管，由医保部门依法实施。

（7）自然灾害和安全事故应对，由应急部门和民政部门监管；公共卫生事件应对，由卫生健康部门负责组织调查、控制和医疗救治工作；社会治安事件，由公安部门和民政部门依法监管；火灾事故应对，由消防救援部门依法监管。

（8）内设医疗机构和职业医护人员规范执业、医疗卫生服务质量、传染病防治等方面的监管，由卫生健康部门依法实施。

民政部门牵头协调养老服务机构（含养老机构、居家社区养老服务机构）的综合监管工作，建立各司其职、各尽其责的跨部门协同监管机制，完善事中、事后监管制度，共同做好对养老服务机构的监管工作。

二、健全"双随机、一公开"监管工作机制

建立健全随机抽取检查对象、随机选派执法人员的"双随机"抽查机制，抽查情况及查处结果及时向社会公开。制定随机抽查事项清单，明确抽查依据、抽查主体、抽查内容、抽查方式，健全各部门协调配合机制。制订抽查计划，开展联合抽查。运用信息化手段，做到抽查的全过程留痕，责任可追溯。加强养老服务，实现违法线索互联、监管标准互通、处

理结果互认，避免多头重复执法。加大对违规行为的查处惩戒力度，坚持最严谨的标准、最严格的监管、最严厉的处罚、最严肃的问责。

三、建立养老服务信用体系

对互联网养老服务平台、养老服务机构、养老服务人员建立信用档案，实行养老服务失信单位及主要负责人退出机制，提高失信成本。建立养老服务失信提示、警示约谈制度，充分运用各类渠道依法依规向社会公开共享各类养老服务主体失信信息。建立养老服务市场主体信用记录，对养老服务违法行为信息及时披露，养老服务机构行政处罚、监督抽查结果等信息，按经营性质分别通过全国信用信息共享平台、国家企业信用信息公示系统记录于其名下，并依法公示。

各类养老服务机构（含养老机构、社区居家养老服务机构以及经营范围和组织章程中包含养老服务内容的其他企业、事业单位和社会组织）要加强管理，建立健全各项管理制度，苦练内功，只有自觉接受政府部门的监管，才能够行稳致远，为我国养老服务事业作出自己的贡献。

第三节　第三方评估

对养老服务内容和质量的监管是民政部门的职能，服务和监管任务的重点在基层。由于养老服务的任务日趋繁重，基层民政部门的力量相对有限，近几年来，基层民政部门越来越多地把建立第三方评估制度，作为养老服务监管的一个重要手段。

一、第三方评估的概念

"第三方"是指独立于供应商和购买方的机构。第三方评估是指独立于供应商和购买方的机构独立地完成评估程序，也可以认为第三方评估是区别于政策制定者与政策执行者进行的评估。第三方主体可以是多样的，包括受委托的专业评估组织、中介组织、社会组织、舆论界和公众。

居家社区养老服务第三方评估是指基层民政部门通过公开招标的方法确定一个公平公正的第三方组织，其主要职能是代表基层民政部门，站在第三方的立场，对服务项目、服务质量、老年人满意度等进行全面、全过程的监测和评价。通过第三方评估，建立政府与社会共同参与监测、评价的新型机制，加大对养老服务的管理指导。

二、第三方评估的目的

第一，建立完善居家社区养老服务质量监测指标体系，科学评价居家社区养老服务的成效。

第二，动态掌握居家社区养老服务开展的情况，增强政府制定政策的科学性。

第三，规范居家社区养老服务，推动居家社区养老服务质量持续改进。

三、第三方评估的优点

(一) 可以由定性描述向定量分析转变

由于第三方评估队伍由专业人员组成，评估内容更加专业化，可以设置量化指标，使评估更加精准。

(二) 可以由主观判断向客观评价转变

在评估前，基层民政部门一般会制定详细具体的评估内容和评分标准，使评估更加规范和客观。

(三) 可以由临时抽查向过程监督转变

专业评估机构可以运用信息化、物联网等技术手段，加上专业技术人员的巡查，可以逐步做到监督服务的全过程。

四、第三方评估的原则

(一) 专业化、规范化原则

养老服务也是一门专业技术，第三方评估应该是专业化的评估组织，有专业化的评估队伍。严禁用非专业人员去评估专业的养老服务，评估人员应具备养老服务的经验，上岗前也应经过养老服务评估的培训。

（二）公平公正的原则

第三方评估组织和评估人员应当出于公心，在评估中做到客观、公平、公正，既要向委托单位民政部门负责，又要向被评估人员负责，更要向服务对象老年人负责，促进居家社区养老服务健康可持续发展。

（三）公开透明的原则

基层民政部门采用第三方评估的方式，本身就是要将居家社区养老置于阳光下，第三方评估的标准、评估的方法、评估的过程、评估的结果，都应该是公开透明的，不允许"暗箱"操作。

五、第三方评估组织应具备下列条件

（1）具备独立的法人资格；

（2）具有两年以上居家社区养老服务的工作经验，且信誉较好；

（3）有评估工作经验和专项养老服务评估项目管理人员，专职评估人员不少于3人；

（4）有评估制度和规范，能确保评估工作质量。

六、评估人员应符合下列要求

（1）熟悉有关法律、法规和政策，有两年以上养老服务相关工作经验；

（2）有养老护理、社会工作相关专业或中级以上养老护理员职业技能证书；

（3）经业务主管部门业务培训考核合格；

（4）具有维护居家社区养老服务评估工作公平、公正等职业道德和操守。

第九章

社区嵌入式养老机构和 "物业服务+养老服务"

第一节　社区嵌入式养老机构

2021 年 11 月，中共中央、国务院在《关于加强新时代老龄工作的意见》中要求"探索并推动建立专业机构向社区、家庭延伸的模式"。《江苏省"十四五"养老服务发展规划》提出"大力推进城市街道综合性养老服务中心建设，提升社区嵌入式护理型机构和日间照料机构覆盖面。加大对专业化、连锁化、品牌化养老机构的扶持力度，支持养老机构运营居家社区养老服务设施"。

一、社区嵌入式养老机构的概念

第一，社区嵌入式养老机构是居家社区养老服务的一种创新模式，是专业养老机构服务向社区、家庭延伸的形式，是机构养老与居家社区养老服务的结合。

第二，社区嵌入式养老机构一般设在养老服务中心内，或日间照料中心的全托床位达到《养老机构管理办法》的标准。受社区规模的限制，一般嵌入式养老机构的床位数为 10～50 张。

第三，从社区老年人的需求出发，社区嵌入式养老机构一般设护理型养老床位。社区嵌入式养老机构一般离家很近，这样失能、半失能老年人才可能有入住的需求。

总之，社区嵌入式养老机构是设在养老服务中心或社区老年人日间照料中心内的小型养老机构。

二、社区嵌入式养老机构的主要特征

(一) 区域性

社区嵌入式养老机构的区域性主要是指它的社区性，社区嵌入式养老机构一般建在街道（乡镇）、社区层面，让老年人享受"身边、家边、周边"的养老服务。

（二）规模小

社区嵌入式养老机构的养老床位一般有十至几十张，有的地方标准规定大于 10 张、小于 25 张，有的地方标准规定大于 10 张、小于 50 张。规模小，易于在社区布点。

（三）多功能

社区嵌入式养老机构一般设在养老服务中心或者是社区老年人日间照料中心，与中心的其他服务功能整合融为一体，既是一个小型养老院，又可以为社区老年人提供日间照料、文体活动、助餐、助浴、上门照护等服务，便于实现居家、社区、机构融合发展。

（四）规范化

社区嵌入式养老机构的建设、登记、备案和服务规范应达到《养老机构管理办法》的要求。鼓励由专业化、品牌化的养老机构连锁经营，为社区老年人提供规范化机构养老服务。

三、社区嵌入式养老机构的优势

（一）便利优势

社区嵌入式养老机构是机构养老和居家社区养老的结合，多元运作方式嵌入，集中整合多样化的养老服务，以满足社区老年人多层次的不同需求，为社区老年人就近提供专业化、个性化、便利化的养老服务。

（二）灵活优势

建设灵活：由于社区嵌入式养老机构规模小，可以充分利用社区里的闲置资源，易布点，资金投入小，风险相对较小，运营管理也灵活简单，可复制，易推广。

服务灵活：社区嵌入式养老机构既可为老年人提供机构的专业服务，又可为老年人提供入户照护的养老服务，还可以为社区失能、失智老年人家庭提供"喘息服务"。

照护失能、失智老年人是一项长期不间断的工作，家庭照护者多为女性，她们的生活和职业发展也会因此受到极大的阻碍，对家庭照护者的身心健康影响也很大，往往是"一人失能，全家失衡"。

"喘息服务"是一项由政府补贴，让失能、失智老年人家属从"全年无休"中获得短期休息，给家庭照护者一个喘息的机会，这既是基层政府解决群众急难愁盼问题的一大举措，也是营造老年友好型社区环境的需要。

嵌入式养老机构为社区失能、失智老年人家庭提供"喘息服务"，主要有两种方式：一是把老年人接到社区嵌入式养老机构，提供短期照护服务；二是由养老机构派专业护理人员入户老年人家中，提供专业照护服务。

(三) 地缘优势

社区嵌入式养老机构一般建在社区，承担社区内托底对象老年人的服务和失能失智老年人的"全天候"护理照料，有天然的优势。使老年人不离开熟悉的社区环境和邻里关系，同时能够得到专业规范的照护。社区嵌入式养老机构营造出一种养老不离家的新方式。

(四) 情感优势

社区嵌入式养老机构能够较好地满足老年人的心理需求，更具情感优势。离家很近，哪怕是坐着轮椅，也可以方便老年人常回家看看，以满足老年人对家的依恋。也能方便子女在工作和家务之余看望父母，给老年人亲情温暖和精神慰藉。

(五) 运营优势

社区嵌入式养老机构运营机制相对于一般的养老服务中心、日间照料中心更灵活高效。目前，一般的养老服务中心、日间照料中心运营收入主要靠政府购买服务。购买服务的基本流程是"招标、协议、服务、评估、拨款"，有的地方还要求先审计、后拨款，往往需要服务机构先垫资服务，所以多数养老服务中心资金紧张、运营困难。而社区嵌入式养老机构依规可以向老年人家庭收费，也可以预收部分床位费、服务费，因此建有社区嵌入式养老机构的养老服务中心，其现金流要比没有嵌入式养老机构的养老服务中心好很多，有利于居家社区养老服务的良性循环和健康发展。

（六）政策优势

社区嵌入式养老机构达到《养老机构管理办法》的标准要求，经登记、备案、审验后，一般可享受地方政府对养老机构的建设、运营补贴，对于养老服务中心和日间照料中心增加了一项政府补贴的政策。

第二节　"物业服务+养老服务"

一、什么是"物业服务+养老服务"

《国务院办公厅关于推进养老服务发展的意见》（国办发〔2019〕5号）中提出"探索'物业服务+养老服务'模式，支持物业服务企业开展老年供餐、定期巡访等形式多样的养老服务"。《住房和城乡建设部等部门关于推动物业服务企业发展居家社区养老服务的意见》（建房〔2020〕92号）进一步提出，要"推动和支持物业服务企业积极探索'物业服务+养老服务'模式，切实增加居家社区养老服务有效供给，更好满足广大老年人日益多样化多层次的养老服务需求，着力破解高龄、空巢、独居、失能老年人生活照料和长期照护难题，促进家庭幸福、邻里和睦、社区和谐"。

《江苏省居家社区养老服务能力提升三年行动工作方案（2022—2024）》明确要求："推动'物业+''家政+'养老服务融合发展，充分发挥物业服务企业常驻社区、贴近居民、响应快速等优势，利用现有的场地设施、人员队伍、服务网络，有针对性地为所服务居住（小）区，提供多元化、个性化的居家社区养老服务，支持物业服务企业利用现有服务场所建设居家社区养老服务站点，符合条件的可享受当地居家社区养老服务补贴政策。支持物业服务企业根据老年人日常生活需求开展小区公共区域无障碍和家庭适老化改造。推动家政与养老服务融合发展，加强与妇联等部门的协同联动，引导品牌家政企业加强员工养老服务岗前培训和常态化轮训，建立专业化养老服务家政队伍，为老年人提供居家养老服务。"

不难看出"物业服务+养老服务"就是整合物业服务和养老服务的资源、市场以及相关政策，充分发挥优势，实现物业服务和养老服务融合发展，为居住小区的老年人提供多样化、多层次、更便捷的居家社区养老服务。

二、为什么要探索"物业服务+养老服务"

近几年，北京、上海、江苏、福建、山西、甘肃等多地开展了"物业服务+养老服务"的探索，从初步实践来看，"物业服务+养老服务"有以下特点。

（一）贴近居民

贴近居民是"物业服务+养老服务"最重要的特点和优势。物业服务企业常驻居民小区，居民从入住小区开始，几乎天天与小区保安见面，小区的建筑、道路、绿化、水电气方面的问题，居民首先想到找小区管家，所以物业服务有熟悉居民、了解情况、上门快捷等特点。

养老服务经常需要深入老年人居民家庭，两种服务都有贴近居民的需求和特点，把两种服务结合在一起，不断满足居民群众多样化、多层次的需求，可以不断增加与居民群众的亲近感和亲和力。

（二）业务互补

物业服务的主要内容是小区的建筑，道路绿化，水电气的维护、养护、维修和公共治安、安全监护、卫生保洁以及便民服务等。居家养老服务的主要内容是老年人生活照料、康复保健、安全守护、文化体育、精神关爱以及便民服务等。

可见物业服务与养老服务的内容是互补的。物业服务的对象是小区全体居民，居家养老服务的对象是有老年人的居民家庭。一般住宅小区白天年轻人上班、孩子上学，小区里几乎都是老年人，此时物业服务和养老服务这两种服务的对象就高度一致，都是老年人。物业服务企业在现有主营业务的基础上，开展养老服务，拓展服务项目，搭建中介平台，有效链接各种养老服务资源，既可以方便群众，也可以增加营业收入。

（三）资源整合

物业服务企业可通过适老化改造使物业用房兼备居家养老服务站点功能，有条件的可将闲置的物业用房改造成日间照料中心、老年餐厅等老年活动场所。在小区安全监护网络平台基础上，可搭建紧急救助和老年人居家安全守护网络平台，开展老年人安全守护、紧急救助和转介服务。

各地对养老服务已经出台不少优惠政策，物业服务企业只要满足《住房和城乡建设部等部门关于推动物业服务企业发展居家社区养老服务的意见》（建房〔2020〕92号）中养老服务营收实行单独核算的要求，就可以享受养老服务的各项优惠政策，降低企业运营成本。"物业服务+养老服务"，市场有需求，老年人能受益，企业有发展，能够实现"1+1>2"的效果。

"物业服务+养老服务"在具有以上优势特点的同时，也存在一些制约因素：一是物业服务和养老服务有各自不同的专业，物业服务企业缺乏养老服务专业人才。二是物业服务和养老服务的直接服务对象不同，物业服务的直接服务对象是物，养老服务的直接服务对象是老年人。虽然两种服务都有一定的责任风险，但养老服务的责任风险往往要更大一些，这也是许多物业服务企业不愿涉足养老服务的重要原因。

三、"物业服务+养老服务"的主要形式

（一）物业服务企业自办养老服务机构

例如，物业服务企业在自己服务的住宅小区内自办日间照料中心、居家养老服务站、老年食堂等实体，按照养老服务主管部门的要求登记备

案，开展养老服务。

（二）物业服务企业与养老服务机构联合

物业服务企业利用自己服务的住宅小区的资源与养老服务机构开展联合，合办日间照料中心、居家养老服务站、老年食堂等实体，按照养老服务主管部门的要求登记备案，开展养老服务。

（三）物业服务企业开展中介服务

物业服务企业，在自己服务的住宅小区搭建居民养老服务求助平台，与社会养老服务机构、家政服务机构签订转介服务协议，开展转介服务。

四、"物业服务+养老服务"可探索的主要内容

2022年9月，福康通举办了主题为"长者美好生活　幸福原居康养"的适老服务市场化发布会，先后与银城物业、栖霞物业、万科物业、融创物业、宝石花物业、深业物业、长城物业、绿城物业等物业公司达成全面战略合作，积极响应"物业+养老"服务新模式，开启"物业+养老"适老服务市场化新模式的第一步。

（1）物业服务企业利用现有服务场所、现有服务队伍、现有服务网络，发挥对接平台作用，为物业服务区内经济困难、失能、失智、失独等基本养老服务对象和高龄独居老年人提供巡视探访、助洁、助行、助医、助急、家电维修、代购代办等居家养老服务。

（2）物业服务企业根据自身条件，结合居民养老需求，成立独立的居家社区养老服务机构，并积极参与基层政府组织的养老服务培训，培养专业化的养老服务队伍，开展居家社区养老服务。

（3）物业服务企业与专业养老服务机构开展合作，通过合作经营，引入专业的养老服务团队和社会工作者，开展专业的居家社区养老服务项目。

（4）鼓励物业服务企业建设智慧居民信息平台，将住宅小区老年人状况、健康状态、养老需求、就医诊疗等信息纳入平台管理。建立呼叫服务

系统，开展应急救援服务。

（5）有条件的物业服务企业利用住宅小区内的物业闲置资源建设日间照料中心、居家养老服务站、老年食堂，开展文化娱乐和体育健身等活动。

（6）开展社区适老化改造。一是在单元门、坡道、电梯等公共区域开展无障碍设施改造，增设无障碍通道，加装电梯、地面防滑、加装扶手、消除地面高差等社区适老化改造。二是根据老年人需求和自愿原则开展老年人住宅适老化改造。

"物业+养老"模式，有利于居家社区养老的快速发展，物业服务企业和养老服务机构联合，以专业化、精细化、信息化、个性化、品牌化、连锁化的综合服务，不断提升老年人居家生活的幸福感、获得感和安全感。

第十章

家庭养老照护床位

第一节　家庭养老照护床位的概念和功能

一、家庭养老照护床位的概念

2021 年 11 月，《中共中央　国务院关于加强新时代老龄工作的意见》要求"积极发展家庭养老床位和护理型养老床位，方便失能老年人照护"。2021 年 12 月，国务院印发《"十四五"国家老龄事业发展和养老服务体系规划》提出"支持社区养老服务机构建设和运营家庭养老床位，将服务延伸至家庭"。《江苏省"十四五"养老服务发展规划》提出"探索设置家庭养老照护床位，完善相关服务、管理、技术等规范以及建设和运营政策，让居家老年人享受连续、稳定、专业、规范的养老服务"。

2022 年 9 月，《民政部办公厅　财政部办公厅关于做好 2022 年居家和社区基本养老服务提升行动项目组织实施工作的通知》进一步明确要求"建设家庭养老床位。在对老年人进行综合能力评估基础上，综合考虑其身体健康状况、居家环境条件等因素，对适宜设置家庭养老床位的老年人，以满足安全便利生活条件，及时响应紧急异常情况为基本要求，对其居家环境关键区域或部位进行适老化、智能化改造，安装网络连接、紧急呼叫、活动监测等智能化设备，并视情配备助行、助餐、助穿、如厕、助浴、感知类老年用品"。

什么是家庭养老照护床位？家庭养老照护床位是指依托有资质的养老服务机构（包括养老机构和居家社区养老服务机构），将专业照护服务延伸至老年人家中，使老年人居家享受类似机构照护的养老服务模式。

从本质上讲，家庭养老照护床位是居家社区养老服务上门照护的一种方式，提供的服务也只是"类似"机构照护服务。正如家庭病床不可能取代医院住院部、家庭教师不可能取代学校，家庭养老照护床位也不可能取代养老院。家庭养老照护床位适合一部分有失能、半失能的老年人家庭，以满足老年人家庭的多样化需求。

二、家庭养老照护床位的功能

（一）为失能老年人提供类似养老机构的专业化居家社区养老服务

家庭养老照护床位以专业化的照护机构为支撑，是专业养老照护机构向社区家庭的延伸服务。通过居家适老化、智能化改造、安装网络连接、紧急呼叫、活动监测和适老用品，将类似养老机构的环境搬到老年人家中；根据老年人的需求由专业机构派出有资质的服务人员，将专业的照护服务送到老年人的床边，既让老年人不离开熟悉的生活居住环境，又能提升对失能老年人专业照顾的服务水平和生活质量。

（二）为家庭照护增能

家庭养老照护床位可以充分发挥家庭成员在老年人照护中的基础性作用，有资质的专业照护人员上门提供专业的照护服务，可以为家庭照顾增能，提升家庭成员照护的能力和水平，满足老年人原居安养的愿望。

（三）有利于完善社区"15分钟服务圈"

社区内失能老年人照护服务是老年人家庭急难愁盼的问题。老年人家庭"一人失能，全家失衡"，甚至影响老年人几个子女的家庭。居家失能老年人的照护服务是刚性需求，家庭养老照护床位可以有效缓解老年人家庭急难愁盼的问题，有利于完善社区"15分钟服务圈"。

（四）有利于减轻老年人家庭的经济负担

与老年人照护机构床位相比，家庭养老照护床位没有支付床位费的压力，一定程度上可减轻老年人家庭的经济负担。

第二节　家庭养老照护床位的管理

一、对服务机构的要求

江苏省地方标准《家庭养老照护床位建设和服务规范》（DB 32/T

4182—2021）规定，开展家庭养老照护服务的机构应具备以下条件：

（1）依法登记并具备相应服务资质，有两年以上运营经验，两年内未纳入社会失信名单，未发生重大安全事故或群体信访事件。

（2）具有与业务范围相适应的固定服务场所。

（3）设置相应的管理部门，有明确的家庭养老照护床位工作的专（兼）职负责人。有内设医疗机构，或与基层卫生医疗机构签订医疗合作协议，能够为家庭养老照护床位服务对象提供基本医疗服务，具备24小时上门服务能力。

（4）配置满足家庭养老照护服务需要的设施设备。

①轮椅、助行器、坐便器等基础服务设备。

②医药箱、血压计、血糖仪、体温计、雾化器、制氧机、医用充气垫（具有无线蓝牙传输功能）和血压、体温、脉搏等参数的体检设备等。

③根据需要配备无障碍汽车、爬楼机、护理床、洗浴床等。

二、制度建设

（1）建立服务管理制度，规范服务流程、服务要求、服务质量跟踪回访等。

（2）建立财务管理制度，明确各类开支项目，凭证、账簿符合财务管理规定，政府补贴、慈善捐赠资金专款专用，有详细使用记录。

（3）建立人事管理制度，规范员工招录、培训、考核、奖惩、辞退等管理要求，完善服务人员上岗程序和岗位工作职责。

（4）建立档案管理制度，由专人及时汇总、分类和归档服务及管理过程中形成的合同、记录、安全风险告知书等资料，并做好老年人资料的保密工作。

（5）建立信息公示制度，在醒目位置公示服务项目、收费标准、工作流程、服务承诺、投诉电话和投诉处理程序。

三、信息化建设

（1）应具有支撑信息平台运行的安全可靠的信息化基础设施，包括服务器、数据库、网络等。

（2）计算机设备应保证交换信息和数据的安全，应配备防火墙并采取相应安全技术措施。

（3）信息化系统应能提供全天 24 小时电话、网络受理服务，服务接通率不低于 90%。

（4）应遵循统一的业务、技术、数据标准，具备接入所在区域养老服务信息平台的功能，实现与业务主管部门系统之间的数据交互、业务协作。

四、风险防控

（1）床位建设数量应与机构管理服务能力相匹配，宜将家庭养老照护床位纳入机构综合责任险保障范围。

（2）应为老年人制订风险预案，服务前做好服务安全预案与事项告知，服务时应有家庭照料者在场。

（3）应制订突发事件应急预案，并定期组织演练。

（4）应制订突发公共卫生事件防控方案，通过公告、电话、微信等多种方式向老年人及家属开展科普宣教。发生公共卫生事件时，应依据公共卫生事件等级动态调整家庭养老照护床位服务要求，并及时报告卫生防疫部门及业务主管部门。

五、服务人员

（1）医生、护士、康复治疗师、社会工作者等团队人员应具备相应资质，且持有健康证。

（2）养老护理员应取得职业技能等级认定证书，且持有健康证。

（3）服务人员应掌握与老年人的沟通技巧，热情周到、耐心细致、认真负责。不应使用蔑视语、烦躁语、无称呼语等不礼貌用语。

（4）上门服务人员应着装统一，在指定位置佩戴工牌，工牌应有养老机构标识、所在部门、员工姓名等信息，字体、字号易于老年人识别。

第三节　家庭养老照护床位的实践
——以无锡市为例

2021 年江苏苏南、苏中、苏北 10 多个市开展了家庭养老照护床位的试点工作，新设置家庭养老照护床位 7000 多张，丰富了养老服务的供给，引导专业照护服务向家庭辐射延伸，更好地满足老年人居家照护的需求。

2021 年，无锡市出台了《无锡市家庭照护床位试点工作方案》（锡民联发〔2021〕19 号），财政、民政落实了专项资金，用于家庭养老床位的建设。无锡市在新吴区开展试点工作，按照上级要求，摸准老年人数据，夯实各类对象。先后两次对辖区内照护困难的对象进行调查摸底，为家庭养老床位探索研究了切实可行的方案。

无锡市新吴区的"家庭养老照护床位"项目采取"1+3+N"复合型居家养老模式。"1"是指老年人家中设立 1 张护理型床位，建床立档，纳入全区家庭病床和居家床位统一管理；"3"是指融合智慧养老、适老化改造、长期照护保险，为项目实施提供技术、硬件和安全保障；"N"是以老年人需求为前提的多种医护服务，包括上门巡诊、量血压、测血糖、听诊、康复治疗、康复指导、卧床护理指导等，满足老年人居家养老个性化服务需求，由就近的养老机构、社区卫生服务中心派专业人员上门服务。简言之，是把养老床位"搬"进家，"医养康护"融合助推养老服务的一种方式。

一、服务对象

家庭照护床位的服务对象为有居家养老服务需求但因各种原因未入住养老机构的老年人，优先保障高龄、低保、低收入、分散供养特困、残疾、计划生育特殊扶助家庭老年人。服务对象还应同时满足以下条件：

（1）具备无锡市新吴区户籍且实际居住在新吴区范围内；

（2）失能等级评估结果为中度、重度失能；

（3）具备家庭养老照护基础，应有或经适老化改造后有适宜开展照护服务的家居环境，有较为稳定的照料者；

（4）服务对象为有居家医疗服务需求，诊断明确，病情稳定，满足基本条件；

（5）老年人及其家属自愿申请服务，并与相关服务机构签订服务协议。

二、办理流程

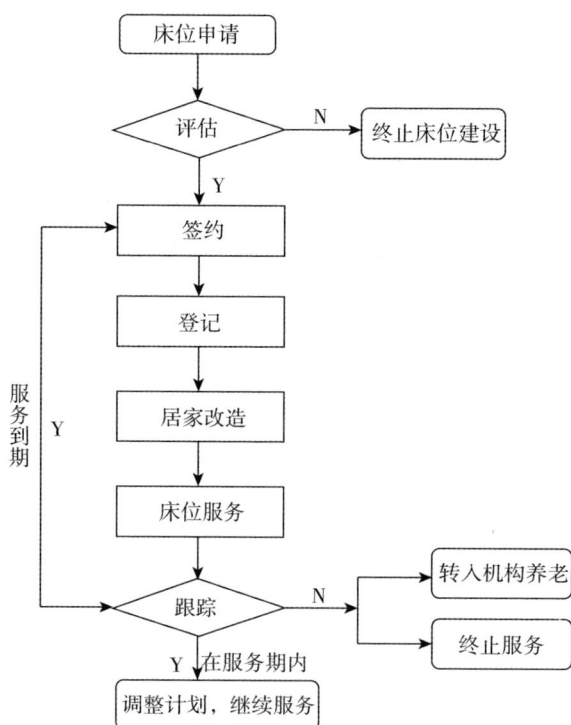

标引序号说明：
Y——符合家庭养老照护床位设置条件；
N——不符合家庭养老照护床位设置条件。

图 10-1　养老护理床位办理流程

三、服务内容

家庭照护床位主要为老年人提供生活照料、康复保健、医疗护理、精神慰藉、家庭照护增能、平台信息化等服务内容。服务机构应制定家庭照护床位服务清单，根据服务对象的实际需求，提供机构式长期照护服务、阶段性专项照护服务、个性化定制照护服务。

家庭照护床位原则上与政府购买居家养老上门服务、家庭病床服务、长护险护理服务等服务项目互补，在整合医养服务资源、提供个性增能服务、设施设备改造提升等方面发挥优势，可在服务时长、服务频次、服务质效上做合理补充，充分满足老年人的居家养老需求。

家庭照护床位的服务收费在参照当前养老服务市场同类服务价格的基础上，由服务机构自主合理定价，并报民政部门备案。

四、服务设施

（一）护理床

街道应配置照护服务所需的护理床，并将护理床列入固定资产管理，在服务机构与服务对象签约后 3 个工作日内，签订护理床使用协议，并将床位送至老年人家中，终止服务后 3 个工作日内收回床位。

（二）适老化改造设施设备

为满足家庭照护的居家环境要求，对老年人居家环境进行必要改造，提供相适宜的服务设施设备和智慧居家养老产品，改造标准和费用参照新吴区适老化改造相关规定执行。

（三）辅助器具

鼓励街道根据本辖区范围内服务对象的数量和需求，购置老年人居家养老辅助器具，采用租赁回收方式循环使用。

五、服务质量监管与控制

（1）服务机构应当为服务对象制订风险预案，服务前做好各项服务安全预案与事项告知，服务中严格按照机构养老服务标准和医疗规范开展服务，服务时应当有家庭照料者在场，服务完成后及时听取老年人及家属的反馈意见。

（2）服务机构应建立定期评价改进机制，对上门服务团队和服务质量持续进行评估，对服务的老年人及其家属定期开展满意度调查。

（3）服务机构应建立投诉反馈机制，畅通服务对象的投诉反馈渠道。

（4）服务机构应将家庭照护床位纳入智慧养老服务平台统一管理，并做好数据的实时更新与维护。

（5）民政部门应加强家庭照护床位服务质量的监管，对服务情况开展多种形式的跟踪、检查、抽查、评估。针对服务不到位或违法违规行为，对服务机构采取失信惩戒、限制领取补贴等措施。

（6）民政部门应加强监督考核，强化补贴资金绩效管理，定期检查资金使用情况，对弄虚作假、骗取补贴资金及其他违法违规行为，严格按照有关规定，追回补贴资金，并追究相关单位和人员的责任。

六、扶持政策

（1）服务机构为长期护理保险定点机构，其家庭照护床位服务对象享受无锡市长期护理保险待遇的，发生的符合长护险规定的居家照护服务费用，按照长护险有关规定进行结算。

（2）服务机构为基层卫生医疗机构，其家庭照护床位服务对象同时为家庭病床服务对象的，其上门服务人员可按家庭病床考核要求领取建床补贴。

（3）对开展家庭照护床位的居家上门服务机构，在承接政府养老服务设施运营、参与政府购买服务项目时，在同等条件下给予优先考虑。

（4）养老护理人员培训。免费为服务机构一线服务人员提供养老护理员培训，包含线下培训课程和视频学习课程，培训合格者颁发养老护理员证书，成绩优异者推荐参加市、区养老护理职业技能大赛。

（5）服务机构建设补贴。对于在80周岁及以上失能老年人和特困供养、低保家庭、计划生育特殊家庭、现役军人家庭中 60 周岁及以上的失能老年人家中设置家庭照护床位的，给予每张不少于 5000 元的一次性建设补贴。按照"先建床，后补贴"的原则，服务机构完成建床，并连续服务满 3 个月，每月累计为中度失能老年人服务 18 小时及以上、重度失能老年人 30 小时及以上，可于每年 4 月前向所在街道递交上年度建床补贴申请，填写《新吴区家庭照护床位建设补贴申请表》，提供老年人名册、服务协议、服务记录等证明材料，由区民政部门审核后拨付。

（6）服务机构运营补贴。每月累计为中度失能老年人服务 18 小时及以上、为重度失能老年人服务 30 小时及以上，按每人每月 160 元、240 元的标准给予服务机构运营补贴。企业法人登记为养老服务机构，与民办非企业法人登记为养老服务机构享受运营补贴政策，执行同样标准；事业法人登记为养老服务机构不享受运营补贴政策。按照"先服务，后补贴"的原则，服务机构提供家庭照护床位服务满 3 个月后，在每季首月 10 个工作日前，向所在街道民政部门递交申请，填写《新吴区家庭照护床位运营补贴申请表》，提供老年人名册、服务协议、服务记录等证明材料，由区民政部门审核后按季拨付。

七、无锡市新吴区实践的特点

（一）适老改造个性化

由专业养老机构及医护人员上门评估，根据老年人家庭生活环境现状、照护需求及其生活能力情况，制订个性化适老改造方案。对居室地面进行防滑处理，在卫生间、活动区安装安全扶手，配置轮椅、浴椅、床边餐桌等无障碍辅助器具，为长期卧床、介护老年人配置防褥疮床垫、护理床等，减轻照护人负担。

（二）适老设施智能化

安装智能终端对老年人进行 24 小时动态管理和远程监护，提供电话及视频呼叫求助；安装床头一键呼叫、燃气报警器、烟雾报警器、红外感应探测器等智慧养老设备，监测老年人生命体征及活动情况，对异常情况及时反映并提供紧急救助。

（三）医养结合人性化

为满足老年人多样化养老需求，街道联合养老机构及社区卫生服务中心，打造"医养结合"养老服务新模式。为老年人签约家庭医生，建立家庭病床，提供基本专业医疗、生活照料、康复指导、精神慰藉等个性化照护，让老年人在家里也能享受专业的照料服务。

第四节　家床建设痛点及建议措施

在家庭养老床位建设的过程中，我们以问卷的形式向多地征集了第一批、第二批家床项目实施过程中的难点和痛点，进行了分类总结，并提出相应的建议措施，以期为第三批家床项目的实施献计献策。调研市场包括安徽、浙江、山东、江西、无锡、苏州等地。总的来看，家床项目实施过程中存在以下共性痛点。

一、政策倾向：重建设、轻运营

家庭养老床位的服务对象主要是政府购买服务的失能失智、半失能等老年人，这部分老年人最大的特点是生活自理能力有不同程度的丧失，需要一定程度的医养照护和相应的硬件设备辅助，目前又不能或不愿入住养老机构。家庭养老床位的建设在一定程度上满足了不愿入住养老院的失能失智、半失能等亟须养老服务照顾老年人的需求。通过在家庭建设养老床位及辅助设备，能够有效满足老年人的服务需求，为居家老年人提供全面的养老服务。从目前的政策补贴力度来看，就家庭养老床位及相应的辅助设备的建造成本而言，资金保障水平仍然不高。家庭养老床位的建设项目很多是以床位建设为主，由于服务对象数量较少，服务机构运营规模小，运营成本大大增加，所以当家庭养老床位的建设完成之后，后续的持续服务和运营很成问题。

建议措施：家庭养老床位建设，建设是起点，而不是终点，要实现"家床建设改造+智慧养老平台+居家养老服务运营"三位一体联动，避免重建设而轻服务的发展模式。通过家床建设改造、智慧养老平台、居家养老上门服务运营的相结合，依靠养老服务智能化信息平台，使用安全和健康类等智能监测设备，对居家老年人的服务情况进行监督，再依托较成熟的居家养老服务机构，由专业的助老员上门为老年人提供规范、优质的服务，让他们享受更有保障的助老服务。

二、工作流程：时间紧、任务重

双提升家床行动是一次性的行动项目，周期为半年，需要在半年内完成人员对象摸排、招标、建设和服务。招投标工作开展的时间跨度长，整个招标过程需要一个半月，严重耽误时间进度。另外，部分地区要求半年内必须完成指定户数的服务，那么服务机构就不得不进行服务团队的人员扩编，但半年后家床项目停止，扩编人员的遣散和后续工作开展就很成问题。

建议措施：通盘整体考虑，项目招标工作与服务对象摸排同步实施，分步改造与服务。

三、实施对象：选定难、摸排慢

实施对象选定难：家庭养老床位建设并非普惠型政策，其实施对象的认定，主要由两个因素决定：一是老年人的身体能力评估（评估结果为重度失能或中度失能）；二是老年人的经济状况评估（要求是经济困难家庭的老年人）。但从实际执行来看，因为没有办法查到所有家庭成员的流水，所以对经济困难家庭的认定有一定难度。

建议措施：将家庭养老床位的服务对象界定为"有养老服务需求，但因各种原因未入住养老机构的中度、重度失能老年人，其中分散供养的特困对象、低保、低收入、高龄、计划生育特殊扶助家庭老年人，根据本人及其家属意愿，优先考虑"。同时发达地区可根据实际摸排和任务目标情况，将认定对象适当扩大至低于上年度城镇居民人均可支配收入家庭的中度、重度失能老年人，明确以"老人个人银行流水"作为选定服务对象的条件。

实施对象摸排慢：家床建设提供名单数量不够、名单摸排不准确，社区工作人员对家床建设的政策文件不了解，前期未做家床建设政策宣传解读工作，与老年人缺少沟通，完全依托家床建设机构评估人员上门入户与老年人一对一宣传沟通。老年人对评估人员的信任度不是很高，因此在家床建设评估、服务签约时，单户时间拉得较长，工作进度缓慢。

建议措施：通过民政会同街道分派任务，将摸排名单提前给到社区，家床建设机构人员协助社区共同推进名单摸排。评估人员给社区人员解读政府下发家床建设方案。社区人员邀请老年人集中到社区，给老年人讲解家床建设政策文件，现场答疑，为老年人解惑，消除老年人的疑虑。

四、服务过程：拒绝服务、异常报警

服务对象拒绝服务：服务机构需要在半年内完成多次高频的服务，部分老年人可能会因各自的需求自行购买服务，起到市场推动的作用；但仍有部分老年人拒绝服务，对政策持保留看法。老年人拒绝服务主要有以下几点原因：①项目初期，服务对象对项目内容、服务人员不熟悉、不信任；②疫情期间，服务对象出于自身防疫需求拒绝服务；③项目要求服务人员每天上门一次，部分服务对象觉得上门过于频繁而拒绝服务。

建议措施：可适当放宽时间线，延长服务时间，按年统筹，年度内可补单，在百姓最需要的时候提供最需要的服务。对拒绝服务的对象，通过电话联系进行沟通和对接，了解服务对象的真实想法和拒绝原因，对服务对象的疑问给予解答，打消服务对象的顾虑；面对不是特别信任和持怀疑态度的服务对象，可以邀请社区人员、片区负责人等一起上门拜访，老年人通常情况下比较相信社区人员，在社区人员的支持下可较好地开展工作。通过为老年人提供上门健康筛查服务，如测血氧、血压等，以健康为突破口获取老年人信任和支持，同时服务人员按规定做好各项防疫措施；

邀请部分轻度失能老年人及家属到站点参加免费的文娱健康活动，通过多次参与活动与工作人员建立信任关系，增加工作的认可度；对于拒绝服务态度坚决的对象，如认为服务频次过高的老年人，向社区、街道、民政报备，根据老年人需求灵活变更服务内容，将上门服务改为电话慰问或安全巡视，并做好台账记录备查。

智能设备异常报警：由于部分智能设备安装位置不佳、灵敏度过高、老年人对设备使用方法不熟悉等原因，导致后台设备报警频繁，确认错误报警和服务对象安全的工作，占据了服务人员的大部分时间和精力。

建议措施：在项目建设期安装产品阶段，安装人员应根据服务对象的生活习惯为其配置个性化的智能设备。如烟感报警器，在安装前应注意观察服务对象的厨房是否配备抽油烟机等设备，或通过询问服务对象的做饭频次（是否一日三餐都自己做）、做饭习惯（烧饭做菜时是否会开油烟机、炖煮多还是煎炒多等），有选择性地将烟感报警器安装至客厅或厨房门外。服务期间，服务人员上门时，应注意观察服务对象家的智能安全设备是否打开，如摄像头、SOS 一键呼叫器等，做好相关设备功能和使用方法的解释工作，提醒服务对象为安全考虑，切勿私自拔掉电源。

第十一章

医养结合和长期护理保险制度

第一节 医养结合

一、医养结合问题的由来

改革开放前，我国还没有进入老龄化社会，养老服务的供需矛盾还不是很突出。养老服务机构全部由政府举办，城市叫"社会福利院"，服务对象主要是城市"三无"老年人（无生活来源、无劳动能力、无法定赡养和扶养义务人）；农村叫"敬老院"，服务对象主要是农村五保（保吃、保穿、保医、保住、保葬）老年人，也就是鳏寡孤独的老年人。

当时中心城市的社会福利院内部一般都设有医疗科或医务室，并配备专职的医生、护士。北京、上海的福利院是这样，南京、苏州、无锡、常州、徐州、扬州等多数设区市的福利院也都是这样。因此，当时的城市社会福利院本身就是医养结合的。农村敬老院设在乡镇一级，乡镇在规划建设时，敬老院与乡镇卫生院相距不远，五保老年人的医疗费由乡镇负责，卫生院的经费也由乡镇负责，五保老年人的医疗当然放在乡镇卫生院，一是方便五保老年人看病，二是方便结算。所以，乡镇敬老院与乡镇卫生院是天然的合作关系。

20 世纪 80 年代以后，民政部开始推动社会福利社会化和社区服务，大力推动社会力量兴办养老机构和社区服务机构。社会民办养老机构如雨后春笋般快速发展起来。到 20 世纪末，我国进入老龄化社会，城市养老服务机构、社区养老服务机构快速发展，数量（机构数和床位数）大幅增长，并且多数都是社会力量兴办的。按当时的条件和规定，社会办的机构取得医疗资质非常困难，养老机构的老年人看病就成了问题。看病难的社会问题反映在老年人身上更为突出。

2000 年以后，不断有人大代表、政协委员在提案中呼吁解决老年人看病难的问题。2009 年，江苏省政府《关于加快我省老龄事业发展的意见》明确提出："重视老年人医疗保健服务，养老机构要设立配套医疗服务点。"2012 年，南京市医保局、南京市民政局联合下发《南京市关于加快医护型老年福利机构建设的意见》提出："按照省'十二五'民生改善规划，本着老有颐养、病有良医的工作目标，为入住机构的老年人提供基本的卫生诊疗、护理服务，有效缓解老年人看病难。"

2013 年，国务院在《关于加快发展养老服务业的若干意见》中明确提出"积极推进医疗卫生与养老服务相结合，推动医养融合发展"的任务。同年，国务院在《关于促进健康服务业发展的若干意见》中也明确了"加快发展健康养老服务，推进医疗机构与养老机构等加强合作"的任务。至此，医养结合已成为我国建设养老服务体系和健康中国的一项重要任务，是我国养老服务体系的重要组成部分。

日本的养老服务实行介护保险制度。需要照顾的老年人提出申请，经过认定需要援助 1~2 级和需要护理 1~5 级。老年人失能程度越重，需要护理的等级越高，有部分老年人需要入住养老院。日本的养老院分三类：一是护理福祉设施；二是护理保健设施；三是护理疗养设施。其中，护理疗养设施又分三种：一是设在保有疗养病床的医院中；二是设在保有疗养病床的疗养所；三是拥有老年人认知症病区的医院。显然，护理疗养设施（养老院）就是医养深度融合。而护理保健设施（养老院）也是一种医养结合。

日本的居家上门服务项目很多，大致可分为五类：一是上门护理（指一般生活照料）；二是上门助浴；三是上门看护，看护师上门访问，提供诊疗所需辅助服务；四是上门康复训练，理疗师和作业治疗师上门访问，指导进行必要的康复训练；五是居家疗养管理，医师、牙医、药剂师等上门访问，进行疗养方面的管理和指导。不难看出，日本的养老院服务和居家上门服务都包含医养结合的内容。

瑞典是北欧五国中人口最多的国家，在北欧很有代表性。在瑞典，笔者参观过 2 所养老院，一所是哥德堡老年人护理院，护理院分 3 个护理区，共 360 名老年人，有 20 名护士，8 名康复师，聘用 1/5 名医师（每周来一天）；另一所是斯德哥尔摩 Sereten 老年人院，在院有 180 名老年人，其中 20 名护士，3 名康复师，1 名医生。

中国香港的养老机构按服务长者的失能程度，分为安老院、护理安老院、护养院、疗养院。20 年前笔者曾参观过香港圣公会李嘉诚安老院，该院有 150 张床位，员工中有 20 名护士，聘请 1/10 名医师（每周来院半天）。

中国台湾的养老机构按服务老年人的失能程度分为安养中心、养护中心、长照中心和护理之家，其中护理之家每月必须由医师到院至少诊察一次，且护理之家多数由医院附设。

新加坡宜康养老集团是一个医养结合的养老机构，笔者与他们交流多年，几年前宜康集团在中国内地开办了居家社区养老服务中心，但是很快就遇到问题做不下去了。据宜康的同行介绍，在新加坡护士是可以上门给老年人输液的，但是在中国大陆就是违法的，不能做。

从上面这些例子可以看出，医养结合并不是我国的独创，我们之所以大力推动医养结合，完全是改革开放以来，特别是进入老龄化社会以来，针对面临的新情况、新问题，所采取的新对策和新举措。发达国家和地区不强调医养结合，是因为它们的老龄化比我们早了几十年，它们已经形成了一套适合它们实际情况的医养结合做法。

在日本，有专家把失能老年人入住医疗机构照护（由医保支付）与由居家社区养老机构照护服务（由介护保险支付）做过比较研究，发现两者的支出比是 7∶1。我国是一个发展中国家，医疗资源还相对紧缺，医保资金也不宽裕，有些地区医保资金甚至捉襟见肘，有没有必要把养老机构都办成医疗机构（护理院、康复院），养老服务机构（包括居家社区养老服务机构）如何开展医疗服务、满足老年人的基本医疗需求，是养老服务体系建设必须研究的课题，也是社会保障体系尤其是医保体系和长期护理保障体系建设必须研究的课题。

二、医养结合的概念与基本原则

(一) 医养结合的概念

医养结合是指通过医疗资源和养老资源的整合，实现医疗卫生服务和养老服务的有机结合，为老年人提供医疗卫生服务和养老服务。

我国是世界上老年人口最多的国家，老龄化速度较快。失能、半失能老年人口大幅增加，老年人的医疗卫生服务需求和生活照料需求叠加的趋势越来越显著。健康养老服务需求日益增强，现有的医疗卫生和养老服务资源以及彼此相对独立的服务体系，远远不能满足老年人的需要，迫切需要为老年人提供医疗卫生与养老相结合的服务。

医疗卫生与养老服务相结合是社会各界普遍关注的重大民生问题，是积极应对人口老龄化的长久之计。加快推进医疗卫生与养老服务相结合，有利于满足人民群众日益增长的多层次、多样化健康养老服务需求，有利于扩大内需、拉动消费、增加就业，有利于推动经济持续健康发展和社会和谐稳定，对把积极老年观、健康老龄化理念融入经济社会发展全过程，走出一条中国特色积极应对人口老龄化的道路具有重要意义。

(二) 医养结合应遵循的基本原则

1. 优化服务原则

把保障老年人基本健康养老需求放在首位，强化居家社区养老服务的基础地位，通过医疗和养老有机结合，确保人人享有基本健康养老服务。对有需求的失能、半失能老年人，以机构为依托，做好康复护理服务，着力保障特殊困难老年人的健康服务需求，不断增加服务内容，提高服务水平。

2. 共建共享原则

政府引导部门协作，提升政策引导服务监督工作的系统性和协同性，促进行业融合发展，发挥市场机制作用，促进社会力量广泛参与，强化个人和家庭的健康养老责任，形成医养融合发展的合力，满足群众多层次多样化的健康养老服务需求。

3. 提质增效原则

突出问题导向，运用改革思维、创新举措，解决健康养老发展中遇到的矛盾和问题，破除体制机制障碍，创新服务供给和保障方式，提高医养结合服务水平和效率，因地制宜不断探索可持续、可复制、可推广的经验做法和创新成果。

4. 协调发展原则

协调养老资源和医疗康复资源的有效衔接和有序整合，构建居家社区机构相协调、医养康养相结合的养老服务体系和健康支撑体系，促进城市与农村、区域和区域之间的协调发展，统筹处理如眼前与长远、个别与整体的关系，推动健康服务业与养老服务业协同发展。

三、医养结合的主要形式

一是养老服务机构设立医疗机构。养老服务机构申请设立医疗机构，主要有护理站、医务室、护理院三种。养老服务机构可根据自身的条件对照卫健委的相关标准，决定申办哪种医疗机构。

二是医疗机构设立养老机构，或开设养老服务区、护理区。这一形式在实践中比较多，比较成功的是企业职工医院改办护理院或护理病区，如江苏省南京市的南京炼油厂职工医院、南京化工厂职工医院、长江机器厂职工医院、晨光机器厂职工医院、南京第二机床厂职工医院、解放军3304厂职工医院等。一批职工医院转为养老机构，成为江苏省南京市最早成功开展医养结合的机构，受到老年群体和家属的欢迎。床位利用率不高的乡镇卫生院开设护理区，或与养老机构合作开设护理区，也是一种形式，这种类型在江苏省南京市也有成功的案例，如秦淮区秦虹卫生院、红花卫生院等。

三是社区卫生服务机构在养老服务机构中嵌入设置家庭医生工作室，或其他卫生部门认可的机构。

四是养老服务机构与周边医疗机构签订医疗卫生服务合作协议，由医院或社区卫生服务机构提供方便老年人的诊疗服务，方便老年人就近就医。

四、居家社区医养结合服务内容

服务机构应提供养老服务、医疗卫生服务、护理服务、康复服务、精神关爱等服务内容。

一是养老服务,包括生活照料、助餐服务、助浴服务、助洁服务、助行服务、代办服务等。

二是医疗卫生服务,包括基本诊疗、辅助治疗、家庭医生、健康体检、健康管理服务、健康教育和健康知识普及服务、合理用药指导、中医诊疗、咨询指导、转诊、建立家庭病床、开展慢性病等重点人群自我管理小组活动等,服务内容应与医疗机构执业许可证一致。

三是护理服务,包括气道护理、进食护理、导尿护理、排泄护理、伤口护理、中医护理、康复护理、安宁疗护等,服务内容应与医疗机构执业许可证一致。

四是康复服务,包括物理诊疗、作业治疗、言语治疗等。

五是精神关爱服务,包括心理服务、教育服务、文娱服务、陪伴服务等。

第二节　长期护理保险制度

一、长期护理保险制度的概念与政策解析

长期护理保险制度是为使长期失能的老年人、残疾人也能够保持尊严、维持日常生活而提供基本生活照料和与之密切相关的护理服务或资金保障的社会保险制度。长期护理保险(以下简称长护险)又被称为社保"第六险",在满足失能人群长期护理需求方面发挥着重要作用。

(一)长护险制度的基本政策

党的十八届五中全会确定了"探索建立长期护理保险制度"的决策部

署。国家医保局数据显示，从 2016 年开始，我国在全国 15 个城市开展长护险制度试点工作，目前试点城市已经扩大到 49 个。截至 2022 年底，长护险参保人数达 1.69 亿，累计有 195 万人享受待遇，累计支出基金 624 亿元。从各地试点效果来看，长护险制度运行平稳，试点地区服务机构总数达 7600 家，护理人员从 3 万多人增加到 33 万人。截至 2023 年底，江苏省 13 个城市均已开展长护险试点，目前江苏省参保人数超过 5300 万，33.7 万人享受长护险服务。

1. 参保对象和保障范围

试点阶段，从职工基本医疗保险参保人群起步，重点解决失能人员基本护理保障需求，优先保障符合条件的失能老年人、重度残疾人，有条件的地方可随试点探索深入，综合考虑经济发展水平、资金筹集能力和保障需要等因素，逐步扩大到城乡居民医疗保险参保人群。

2. 资金筹集

探索建立互助共济、责任共担的多渠道筹资机制，科学测算基本护理服务相应的资金需求，合理确定本地区年度筹资总额，筹资以单位和个人缴费为主，单位和个人缴费原则上按同比例分担，其中单位缴费基数为职工工资总额。起步阶段，可从已缴纳的职工基本医疗保险费中划出，不增加单位负担，个人缴费基数为本人工资收入，可由其职工基本医疗保险个人账户代扣代缴。有条件的地方可探索通过财政等其他筹资渠道，对特殊困难退休职工缴费给予适当资助。建立与经济社会发展和保障水平相适应的筹资动态调整机制。

3. 待遇支付

长护险基金主要用于支付符合规定的机构和人员提供基本护理服务所发生的费用。经医疗机构或康复机构规范诊疗失能状态持续 6 个月以上，经申请通过评估认定的失能参保人员，可按规定享受相关待遇。根据护理等级、服务提供方式等不同实施差别化待遇保障政策，鼓励使用居家社区护理服务。对符合规定的护理服务费用，基金支付水平总体控制在 70% 左右。也就是说长护险通过购买服务的方式，为失能人员提供保障待遇，是以提供服务的方式体现，而非直接发放现金。

（二）建立长护险保险制度的意义、原则和目标

探索建立长护险保险制度，是实施积极应对人口老龄化国家战略，促进社会经济发展的战略举措，是实现共享改革发展成果的重大民生工程，是建立健全社会保障体系的重要制度安排。建立长护险，有利于保障失能人员基本生活权益，提升他们体面和有尊严的生活质量，弘扬中国传统文化美德；有利于增进人民福祉，促进社会公平正义，维护社会稳定；有利于促进养老服务业发展和拓宽护理从业人员就业渠道，把积极老年观、健康老龄化理念融入经济社会发展全过程。

探索建立长护险制度，必须坚持以人为本，重点解决重度失能人员长期护理保障问题。坚持独立运行，着眼于建立独立险种、独立设计、独立推进，坚持保障基本，低水平起步，以收定支，合理确定保障范围和待遇标准。坚持责任共担，合理划分筹资责任和保障责任。坚持机制创新，探索可持续发展的运行机制，提升保障效能和管理水平。坚持统筹协调，做好与相关社会保障制度及商业保险的功能衔接。

探索建立长护险制度，目标是探索建立以互助共济方式筹集资金，为长期失能人员的基本生活照料和与之密切相关的护理提供服务或资金保障的社会保险制度，力争在"十四五"期间基本形成适应我国经济发展水平和老龄化发展趋势的长护险制度政策框架，推动建立健全满足群众多元需求的多层次长期护理保障制度。

（三）基本医疗保险、长期护理保险与商业保险的区别

1. 基本医疗保险、长护险属于社会保险的一部分

基本医疗保险对参保人因患病而接受基本的医疗服务所发生的医疗费用给予经济补偿；长护险是为长期失能人员的基本生活照料和与之密切相关的医疗护理提供服务或资金保障。也就是说，长护险对长期失能人员在其非患病住院治疗期间或者经住院治疗病情基本稳定后的日常基本生活照料和与之密切相关的医疗护理给予服务购买或资金保障。这里护理的意义

在于尽可能长地维持失能人员的剩余机能，而不是以治愈为目的，长护险一般不包括医疗介入。由于医疗服务的成本相对较高，所以相对成本较低、具有社会服务性质的长护险，不仅能够缓解医疗保险所面临的保险基金财务压力，还可以减轻患者及其家庭过重的费用负担。

2. 社会保险与商业保险的主要区别

社会保险具有保障性，不以营利为目的；商业保险具有经营性，一般以经济效益为目的。社会保险是建立在劳动关系的基础上的，用人单位必须为职工办理社会保险；商业保险是自愿投保，以合同契约的形式确定双方的权利义务关系。社会保险由政府职能部门管理；商业保险由保险公司经营管理。社会保险的资金由国家、企业、个人三方面分担；商业保险的资金一般来自投保人。

二、青岛长护险制度的发展

青岛市长护险的实践，在前期多年探索的基础上，主要经历了两大阶段：第一阶段为初创阶段。自 2012 年起，在全国率先建立长期医疗护理保险制度，出台《关于建立长期医疗护理保险制度的意见（试行）的通知》（青政办字〔2012〕91 号）；2015 年起制度覆盖范围扩大到农村，成为全国第一个实现城乡长护险的城市；2017 年，在国内率先给予重度失智老年人长期护理保障，探索"失智专区"管理服务和生活照料支付模式，形成长护险业务的一体化结构体系与系统化运行模式，同时在部分辖区内开始试点商保承办的长护险业务。第二阶段为发展阶段。以建立多元化筹资机制为前提，将生活照料纳入护理保障范围，探索建立了"全人全责"长护险制度。

（一）青岛市长护险制度的特点

1. "全人全责"整合式照护模式

保障需求突出"全人"。全人，主要是从需求侧出发，全面考虑人的需要，以全新的理念，将失能失智人员医疗护理、生活照料等多方面的照护需求作为一个整体，进行统筹设计和制度安排，确保参保人获得的照护服务是整合的，而不是割裂的。青岛市在确定保障内容时，坚持以整合式照护服务为核心，在原来医疗护理保障的基础上，将生活照料、康复训练（功能维护）、精神慰藉等多层面内容纳入护理保障范围，重点保障完全失能人员和重度失智人员。与医疗保险进行有序衔接，同时注意厘清边界。这里的"医疗"不是传统意义上以治愈、抢救为目的的"医疗"，而是对疾病已不可逆人员给予的一种维持性医疗照顾；这里的康复训练（功能维护），主要是对长期卧床人员进行的按摩、康复，与传统意义上的康复训练也不同。

服务供给突出"全责"。"全责"主要是从供给侧出发，是对护理服务机构提出的新要求，突出护理机构在提供专业化服务和对居家服务技术支持的全链条责任。即参保人的医疗护理、生活照料等多方面的照护需求，由同一家护理服务机构负责进行统筹考虑和整体安排，对照护人员提出新标准和新要求，确保参保人获得的照护服务及时、连续、优质、责任清晰。促进医疗、养老、家政服务等各类资源深度整合，解决以往失能失智人员获得的照护服务管理碎片化问题。

2. 科学的政策体系

筹资渠道多元化。青岛市长期护理保险资金按照"以收定支、收支平衡、略有结余"的原则，对职工和居民长期护理保险资金分别筹集。其中，职工长期护理保险资金通过医疗保险基金划拨、财政补贴、个人账户代扣渠道筹集。

待遇支付差别化。按照权利与义务对等原则，对职工和居民设定不同的报销标准，参保职工报销比例为90%，参保居民报销比例为70%～80%。同步解决职工医疗护理和生活照料问题，对参保居民首先解决医疗护理，根据资金筹集和农村服务能力等情况，再逐步解决居民生活照料问题。

3. 完善的服务体系

服务方式精细化。在服务方式上，针对不同人群多层次多样化的照护需求，设计了"1+3"护理服务形式，精准解决他们的现实需要。针对完全失能人员，设计了医疗专护、护理院医疗护理、居家医疗护理和社区巡护 4 种服务形式。

医疗专护是指二级及以上住院定点医疗机构医疗专护病房为参保人提供长期 24 小时连续医疗护理服务。

护理院医疗护理是指医养结合的护理服务机构为入住本机构的参保人提供 24 小时连续医疗护理服务。

居家医疗护理是指护理服务机构派医护人员到参保人员家中提供医疗护理服务。

社区巡护是指护理服务机构（含村卫生室）派医护人员到参保人员家中提供巡诊服务。

针对重度失智人员，实行"失智专区"管理，设计了长期照护、短期照护和日间照护 3 种服务形式。长期照护是指开设失智专区的护理服务机构提供不间断的全日制长期照护服务；日间照护是指开设失智专区的护理服务机构提供日间托管照护服务；短期照护（又称"喘息服务"）是指开设失智专区的护理服务机构提供的短期照护服务，原则上一年不超过 60 天，旨在使家庭照料者在工作、出差、生病、疲劳时得到短时间的喘息休整。在专区内，原则上不允许对老年人进行捆绑约束，重视人的尊严，强调人性化服务，失智老年人在专区内除了可享受医疗护理和生活照料外，还可享受到专业人员提供的精神慰藉、心理干预等情感照护。

服务队伍专业化。建立政府主导、多方参与、专业运营的社会治理机制。在全国成立首家长期护理保险管理职能处室，成立首个市照护协会；通过公开招标、购买服务的方式，确定两家商业保险公司参与经办管理，实行政府主导下的社会和商业合作。建立专业化的护理服务队伍能力提升机制，通过就业补助金和福彩公益金的支持，提升照护人员的专业化、职业化水平。建立家庭照料者专业照护培训指导机制，通过定额结算、结余留用等方式，引导定点护理机构加强对家庭照料者的专业技术支持，提高家庭照料者的专业照护能力和水平，促使非正式服务与专业服务有机结合。

4. 精准的监管体系

质量管理标准化。建立标准化的需求等级评估机制，借鉴有关国际做法，立足实际制定需求等级评估标准，共分六级（零级至五级），其中三级、四级、五级的可享受长期护理保险待遇。健全标准化的申办流程，参保人员从待遇申请、机构初评、评估结论下达、待遇享受、服务提供及管理等各环节全部实行标准化管理。建立标准化的定点机构准入机制，明确准入标准和流程，实行能进能出的动态管理。坚持公立、民营一视同仁，鼓励社区嵌入式微型连锁机构发展。

经办全程信息化。建立信息化全流程网上办理经办机制，依托医疗保险一体化系统，开发护理保险信息系统，将待遇申请、等级评估、费用审核与拨付等工作全部实现零"跑腿"。建立信息化智能监管机制，开发手机智能监管 App，通过 GPS 定位、指纹采集、图像采集等技术手段，对照护对象、照护地点、照护内容、照护时间进行全程监控。建立信息化患者满意度评价机制，在智能监管 App 上，开发满意评价功能模块。

（二）青岛长护险制度的运行成效

1. 照护难题得到有效破解

自 2016 年试点至今，青岛长护险制度已覆盖全市 909 万参保职工和城乡居民，惠及 12 万余名重度失能失智人员。从职工到居民、从城市到农村、从医疗护理到生活照料、从被动保障到主动预防的不断蜕变与发展，青岛形成了阶梯式推进机制，使长护险深入民心，成为破解"一人失能、全家失衡"的良方。过去"养老机构不能医、医院不能养、家庭无力护"的困局发生根本性改变，基本形成了以居家为主，以社区、机构为辅的照护格局。在个人层面、家庭层面、社会层面提高了对临终关怀的关注，完善了社会支持网络，有力促进了社会和谐与社会文明。

2. 医疗养老资源实现优化利用

社会性住院问题、长年住院压床问题得到有效解决，高精尖的临床医疗资源得到优化利用。青岛市累计支出长护险资金 15 亿元，为失能失智人员购买照护服务 2500 多万天。经测算，同样的资金只能购买二级、三级医院 170 多万天的住院服务，医疗保险基金使用效益大大提高。长护险制度的实施，同时促进了养老、家政、医疗各类照护资源深度整合和优化利用。

3. 护理服务市场快速培育发展

长护险制度的实施，为护理服务机构提供了稳定的资金来源，在定点准入上，对公立和民营机构一视同仁。通过政府引导、市场驱动，青岛市的照护服务市场得到快速发展。目前护理服务机构已发展到 689 家，其中民营机构占 90% 以上，承担了 98% 的业务量，成为护理服务的主体。青岛市的护理保险服务平台基本形成，促进了养老、医疗机构的合理定位与转型发展，带动了创业就业，全市专业从事照护服务的人员已超过 1.5 万人。

三、南通市长护险的试点工作

2015 年 9 月，江苏省南通市在全国率先"破题"，将长护险作为独立的社会保险"第六险"，列入社会保障制度体系。2016 年 1 月 1 日起正式开始探索实践。同年 6 月，南通市被列入国家建立长护险制度首批试点城市。经过探索实践，逐步形成了以"机构照护、居家服务、津贴补助、辅具支持、预防管控""五位一体"的长期照护保险制度体系。2018 年该项目被江苏省政府评为首批"全省优秀法治实事项目"。

2020 年 10 月，为总结南通市 5 年来探索实践的经验，不断完善长护险制度体系，促进长护险事业健康发展，江苏省医疗保障局、江苏省医疗保险研究会、南通市医疗保障局举办了"南通市长期照护保险五周年工作座谈会"，来自全国兄弟省市医疗保障系统的代表、社保研究领域的专家学者 300 多人参加了座谈，并对南通市长期照护保险的实施情况进行了实地调研考察。与会代表对南通市的长期照护保险制度实施所取得的阶段性成果表示充分肯定。

（一）南通市长护险制度的特点

南通市长护险制度是运用社会保险机制，借助而不依附于基本医疗保险，与基本医疗保险相对独立、相互衔接。该制度以社会化照护服务为主，兼顾医疗护理、生活照料，重点向生活照料倾斜；兼顾机构照护、居家照护，重点向居家照护倾斜。保障范围从市区扩大到全市域，从城市扩大到农村；保障人群从重度失能扩大到中度失能，从失能扩大到失智，实现了从待遇保障向失能预防延伸，形成了较为完整的长期护理保险制度体系和"机构照护、居家服务、照护补助、辅具支持、预防管控"的"五位一体"长期护理保险服务体系，具有全覆盖、多元化、保基本的特征。

1. 全覆盖，城乡一体化

南通市长期护理保险制度将全市范围内参加医疗保险的所有职工和居民，统一纳入制度保障范围。在制度设计上向居家服务倾斜，鼓励护理院向居家照护服务延伸。

2. 多元化，筹资渠道多

建立起照护保险与医疗保险同步的参保机制和政府补贴、医保统筹基金筹集、个人缴纳、社会捐助"四源合一"的多元化动态筹资机制，充分体现了个人、社会和政府责任共担。目前的筹资标准为每人每年 100 元，其中个人缴纳 30 元，医保基金支付 30 元，政府补助 40 元。参保居民中的未成年人、在校学生、最低生活保障家庭、特困职工家庭等困难人群由财政全额补助。

3. 保基本，公平且适度

将《日常生活活动能力评定量表》（"巴氏量表"）作为失能评定标准，生活不能自理、需要长期照护的失能人员，经"个人申报—上门评定—邻里走访—专家抽查—社会公示—出具结论" 6 个规定程序，符合待遇享受条件的老年人和残疾人都纳入了基金支付范围。

（二）南通市长护险制度的运行成效

南通市长护险制度的实施，不仅发挥了制度本身的保障功能，还对服务供给侧改革起到了引导作用，推动了整个养老行业向着规范化方向发展，是我国长护险制度建设历程的缩影，其成效突出表现在以下四个方面。

1. 保障范围不断拓宽，有效地解决了供需矛盾，实现供需合理匹配

居家上门服务套餐从 2016 年的两个安康系列，发展为如今的 5 个系列

14个套餐。从2018年开始，将辅助器具纳入基金支付范畴，目前有6类产品可供租赁，15类产品可供购买，其中家用照护床、轮椅以及尿不湿最受青睐。中度和重度失能失智人员分别有6000元和8000元的年度限额，在限额之内，长护险基金和个人按8:2的比例支付。

2. 开展失能失智预防干预，有利于延缓老年群体失能失智的发生

从2019年开始，南通市长期护理保险制度进一步探索向预防延伸。通过失能失智预防知识普及、风险人群筛选，以及有针对性的干预，延缓老年群体失能失智的发生。照护保险服务中心按月向服务机构支付干预服务费用，费用标准为每人每次100元。

3. 照护服务机构不断壮大，有利于促进养老行业规范经营和能力提升

试点启动以来，南通市照护服务机构扩大到9类，新增350家，投资总额超过30亿元，从业人员达到1.2万人。

4. "五位一体"制度体系的建立，有利于医疗资源的合理利用和养老服务市场的发展

南通市的长护险制度已覆盖全市730万名基本医保参保人员，逐步形成机构照护、居家服务、照护补助、辅具支持、预防管控"五位一体"的制度体系，进而带动社会资本踊跃投资养老服务产业，吸引大量人员投身护理岗位。

四、各地长护险制度的分析与总结

(一) 参保对象

在覆盖范围上，职工医保人群参保是国家文件的起步要求，江苏省从南通、苏州试点开始，就将全体职工和城乡居民同步纳入长护险覆盖范围，并做到缴费标准、待遇标准、经办服务的完全统一，实现职工和居民一体化保障，提升共济保障水平。

(二) 保障人群

长护险是为长期失能人员的基本生活照料和与之密切相关的医疗护理

提供保障的制度。江苏在优先保障重度失能人员的基础上，部分试点地区根据当地实际逐步扩大了保障对象，将中度失能人员也列入保障人群，进一步提升群众的获得感，扩大制度试点的社会影响力。

（三）服务签约方式

从实践来看，在照护服务机构和老年人签约的过程中，主要有两种签约方式：一种是直接由政府机构来划分区域，每家照护服务机构负责指定区域内的所有长护险服务对象（俗称"划地盘"）；另一种是同时入选好几家照护机构，但负责区域并不固定，而是由照护服务机构派人上门和长护险服务对象沟通交流，最终由服务对象自己选择签约的照护服务机构（俗称"抢人头"）。

（四）照护方式

享受失能保险待遇的人员，可以选择入住照护服务机构，由照护服务机构针对失能人员照护需求，制订照护服务方案，提供机构照护服务，也可以选择照护服务机构入户提供居家照护服务。也有部分地区为了简化工作，没有选择照护服务机构提供服务，而是采取亲情照护的方式，将保险金按月发放给家庭成员中的照护者，通过给予照护者补贴的方式，鼓励家庭人员进行亲情照护。

五、推进长护险制度的建议措施

当前我国即将进入深度老龄化社会，为进一步解决老年人急难愁盼的民生问题，江苏省将按照国家统一部署，不断总结试点成效经验，健全完善制度机制，着力解决存在问题，力争到"十四五"中后期，在全国建立统一规范的长护险制度。

（一）健全统一规范的制度体系

加强工作统筹和指导，巩固扩大现有试点成果，继续推进并实现试点地区在全市范围内的政策、经办、系统、标准、待遇、服务的"六统一"，为建立长护险市级统筹夯实基础。同时，探索不同统筹地区之间长护险的异地结算，逐步解决异地安置退休人员、异地长期居住人员等群体的长期护理服务需求，加强长三角等区域试点城市政策协同的研究，为试点成熟后建立全国统一的长护险制度提供经验支撑。

（二）完善可持续发展的筹资机制

长护险作为应对人口老龄化、解决"老有所护"的制度安排，其基金的稳健性和保障的可持续性是关键。随着老龄化进程的加快、参保人群数量的增加，基金支付的压力也将增大。继续坚持"权利义务对等、社会互助共济、各方共担责任"的原则，不断完善由个人、医保统筹基金、财政补助、社会捐赠的多元筹资机制，努力形成群众参保热情提高、社会积极参与、基金共济能力增强的良性循环。

（三）建立统一规范的评估标准体系

按照国家统一评估标准，优化调整各试点地区的失能评估标准和管理办法，进一步提升制度的公平性，为异地待遇享受提供政策支撑。加强部门协同和政策衔接，有效融合长期护理保险失能人员的鉴定与民政部门的伤残等级鉴定、工伤保险的劳动功能障碍程度和生活自理障碍程度的等级鉴定，积极探索并做好与经济困难的高龄、失能老年人补贴以及重度残疾人护理补贴等政策的整合衔接。

（四）培养一支专业的照护队伍

长护险制度的发展，亟须一批专业的照护队伍。持续健全养老服务从业人员教育培训、激励评价等政策和制度体系，加快培养一批数量充足、结构合理、素质优良的养老护理人才队伍，建立起养老服务人才培养的长效机制。积极开展职业技能培训，加快养老服务人才的培养，可以更好地为老年人提供专业照护服务，同时也为护理员取得职业技能等级搭建良好的平台。

第十二章

志愿服务与时间银行

第一节　志愿服务

一、志愿服务的定义

志愿服务（volunteer service），一般是指志愿者组织、志愿者服务社会公众生产生活和促进社会发展进步的行为，泛指利用自己的时间、技能、资源、善心为邻居、社区、社会提供非营利、无偿、非职业化援助的行为。任何人志愿贡献个人的时间及精力，在不为任何物质报酬的情况下，为改善社会，促进社会进步而提供的服务，都可以叫作志愿服务。

2017年6月，国务院第175次常务会议通过《志愿服务条例》，志愿服务"是指志愿者、志愿服务组织和其他组织自愿、无偿向社会或者他人提供的公益服务"。志愿服务离不开志愿精神的强大支撑。时任联合国秘书长安南指出，志愿精神的核心是服务、团结的理想和共同使这个世界变得更加美好的信念。从这个意义上说，志愿精神是联合国精神的最终体现，更是人文精神的最高级表现形式。

二、志愿者的注册与管理

（一）如何注册成为志愿者

"中国志愿服务网"是民政部志愿服务官方网站，负责发布志愿服务相关政策文件、通知公告、研究培训、信息动态、志愿项目以及宣传志愿者和志愿队伍的风采等。想要注册成为志愿者的热心人，可在"中国志愿服务"官方网站中，点击"志愿者注册"，选择所在省份的志愿服务网站，按要求完成相关信息的填写，最后点击"申请实名注册志愿者"，即可注册成为一名志愿者。

（二） 如何注册成为志愿团体

在"中国志愿服务"官方网站中，点击"志愿队伍注册"，选择所在省份的志愿服务网站，按要求完成相关信息的填写，最后点击"申请实名注册志愿者"，即可完成志愿团体的注册。需要注意的是，志愿团体分为法人组织和未登记的志愿服务组织两种，如果所在组织不是法人组织，就选择未登记的志愿服务组织，然后按要求完成相关信息的填写和证明材料的上传，最后点击"提交注册"，等待联络团体或管理部门的审批，审批通过后即可注册成为志愿团体。

不过，对志愿者进行注册和登记只是一种形式和载体，目的是及时参加志愿服务活动，经过登记，只有每年至少参加 48 小时的志愿服务活动，才能成为一名真正意义上的注册志愿者。因此，注册登记工作要与志愿者的招募、培训、开展志愿服务活动等相结合，充分发挥注册志愿者的应有作用。

三、志愿服务回馈制度

2017 年 12 月 1 日，《志愿服务条例》正式实施，其中明确规定"自然人、法人和其他组织捐赠财产用于志愿服务的，依法享受税收优惠""鼓励企业和其他组织在同等条件下优先招用有良好志愿服务记录的志愿者""公务员考录、事业单位招聘可以将志愿服务情况纳入考察内容""鼓励公共服务机构等对有良好志愿服务记录的志愿者给予优待"，在经济、政治以及公共服务领域给予志愿者一定的鼓励和回馈。

2021 年 3 月 5 日，《江苏省志愿服务条例》正式实施，其中明确"鼓励建立志愿服务回馈制度"，增加了"时间银行"的概念。志愿服务组织可以建立志愿服务时间储蓄制度。志愿者本人需要帮助时，根据其志愿服务时长，志愿服务组织优先为其提供志愿服务。《江苏省志愿服务条例》将每年的 3 月 5 日拟定为江苏省志愿者日。把"时间银行"这一行之有效的做法写入法条，这既是对"时间银行"的肯定，也为其运营带来了新的发展利好。《江苏省志愿服务条例》的落地，在立法的层面促进了"时间银行"的可持续发展。在《江苏省志愿服务条例》的护航下，"时间银行"还探索建立由政府投入和社会捐赠的专项基金，用以实现可持续发展。

四、志愿服务的意义

志愿服务是志愿贡献个人的时间及精力，在不为任何物质报酬的情况下，为改善社会服务、促进社会进步而提供的服务。志愿服务具有志愿性、无偿性、公益性、组织性四大特征。

志愿服务的意义主要体现在以下几个方面：一是传递爱心，传播文明。志愿者在把关怀带给社会的同时，也传递了爱心，传播了文明，这种"爱心"和"文明"从一个人身上传到另一个人身上，最终会汇聚成一股强大的社会暖流；二是有助于建立和谐社会。志愿工作提供了社交和互相帮助的机会，加强了人与人之间的交往及关怀，降低彼此间的疏远感，促进社会和谐；三是有助于促进社会进步。社会的进步需要全社会的共同参与和努力。志愿工作正是鼓励越来越多的人参与服务社会的行列，对促进社会进步有一定的积极作用。

对于志愿者个人而言，参加志愿服务也具有一定的积极意义，一是奉献社会，志愿者通过参与志愿工作，有机会为社会出力，尽一份公民的责任和义务。二是丰富生活体验。志愿者利用闲余时间，参与一些有意义的工作和活动，既可扩大自己的生活圈子，又能亲身体验社会的人和事，加深对社会的认识，这对志愿者自身的成长和提高是十分有益的。三是提供学习的机会。志愿者在参与志愿工作过程中，除了可以帮助他人外，还可培养自己的组织及领导能力，学习新知识、增强自信心、学会与他人相处等。

第二节　时间银行

一、什么是"时间银行"

什么是"时间银行"？时间也能存起来？初次听说"时间银行"的人，

最常提出这样的问题。其实"时间银行"也是志愿服务的一种，具体来说是一种有明确回馈的志愿服务。

有学者将"时间银行"界定为"志愿者将志愿服务的时间以'时间币'的形式记录下来并存储进'时间银行'，以便获取将来某种可预期的回报或激励，从而保证志愿服务持续供给的一种制度安排"。更进一步地讲，"时间银行"与老年志愿服务结合起来，认为"时间银行"是指低龄老年人为高龄老年人的志愿服务，由工作人员记录后存入档案，志愿者将来也可以享受同样时长的志愿服务。

《国务院办公厅关于推进养老服务发展的意见》（国办发〔2019〕5号）在"促进养老服务高质量发展"这一举措中提出要打造"三社联动"机制，以社区为平台、养老服务类社会组织为载体、社会工作者为支撑，大力支持志愿养老服务，积极探索互助养老服务。大力培养养老志愿者队伍，加快建立志愿服务记录制度，积极探索"学生社区志愿服务计学分""时间银行"等做法，保护志愿者合法权益。

"时间银行"是目前在我国许多城市不断兴起的一种社区养老服务模式。作为一种对社区养老服务模式的探索，这一以社区为单位的新型服务模式，倡导"服务今天，享受明天"的理念，让年轻人、准老年人、低龄老年人及健康的老年人利用闲暇时间参与为社区老年人提供各类服务的活动，通过累计服务时长，等自己年老需要服务或家人需要服务时，可兑换同等时长的服务。

"时间银行"的设立在适当缓解我国养老压力、提升社区养老服务水平、提高老年人养老质量等方面发挥了积极作用。以互助养老"时间银行"为载体构建社区养老服务实践新平台，既符合当前人口老龄化的发展趋势，对于实现积极老龄化目标也具有重要的现实意义。

二、"时间银行"的试点经验

（一）南京：全市层面的政策首创

"时间银行"是发展互助养老的重要方式，可以缓解养老服务力量不足的矛盾，扩大社会参与。2019 年 7 月 18 日，《南京市养老服务时间银行实施方案（试行）》出台，其中明确指出养老服务时间银行（以下简称"时间银行"）是指政府通过政策设计，鼓励志愿者为老年人提供养老服务，按一定的规则记录储存服务时间，当年老需要时可提取时间兑换服务。南京在全市层面建立统一的养老服务时间银行体系，这一政策在国内属于首创。

根据南京市出台的实施办法，"时间银行"志愿者分个人志愿者和团体志愿者，服务对象为重点空巢独居老年人、存有时间的 60 周岁及以上老年人。重点空巢独居老年人是指 80 周岁及以上空巢独居老年人，或 60 周岁至 79 周岁低保家庭中失能半失能的空巢独居老年人。"时间银行"服务项目为《国务院关于加快发展养老服务业的若干意见》（国发〔2013〕35号）文件明确的"助餐、助浴、助洁、助急、助医"五助服务项目，并视试点情况逐步拓展服务项目。

南京市建立了统一的"时间银行"信息管理平台，实现志愿者和服务对象注册、需求发布、服务过程、时间存入及转移、服务评价等管理。个人志愿者以南京市民卡为载体，开设专门的时间银行账户，暂定 1500 小时为存储上限，超出的服务时间主要用于捐赠或社会褒奖。团体志愿者服务所产生的时间先期仅可用于捐赠，给予社会褒奖。捐赠的时间优先为重点空巢独居老年人服务。2019 年 12 月，南京市从每个区各选 1 个街道进行试点；2020 年 9 月，在试点的基础上，各区全面推广，构建起"政府主导、通存通兑、权威统一"的"时间银行"运行机制。

首批试点，南京市共 12 个区 24 个街道 247 个社区参加，在"统一管理、统一标准、统一平台"的要求下进行，建立了一系列"时间银行"政策支持体系，构建了一整套"时间银行"运行体系，开发了一体化"时间银行"信息系统，建立了一系列"时间银行"经费保障机制，还建立了养老服务"时间银行""1+6"政策、标准体系；1 个总体方案：《南京市养老服务时间银行实施方案（试行）》；6 个标准：《各级时间银行职责及相关工作要求》《时间银行志愿者、服务对象的基本条件、权利义务及准入和退出办法》《时间银行服务项目及服务流程》《时间银行服务突发事件应急处置办法》《时间银行服务点及志愿者奖惩办法》《南京市养老服务时间银行专项基金管理办法（试行）》。

2019 年底，南京市 11 个区及江北新区 24 个街道 247 个社区启动首批试点。试点中，各"时间银行"网点的"积蓄"都需要走"标准程序"。为保障服务质量，除"入职培训""岗位培训"外，还要经过匹配度测试、试服务 3 次，才能与"客户"签订一对一服务协议。民政部门定期和不定期进行抽查，对于服务低质低效的志愿者，实行"冻结账户"等退出机制。

南京市民政局联合市大数据管理局，在"我的南京"App 设置养老服务"时间银行"信息系统，引入区块链、人工智能等技术，与市公安局、发改委等部门数据及时比对，实现供需全流程精准、智能、安全对接。据民政部门的最新统计，南京"时间银行"已建设服务站点 1300 多个，遍布 98% 以上城乡社区，注册通过志愿者 4.5 万人、服务对象 8.2 万人，完成有效服务订单 67.1 万个。

2023 年 10 月，南京市民政局发布公告，将南京市养老服务"时间银行"更名为南京市养老服务互助时间平台，各级管理服务机构相应进行更名，保留原有实施模式。

（二）无锡：多元化的服务人群

2022 年 3 月 9 日，江苏省无锡市梁溪区学雷锋志愿服务季暨"时间银行"互助模式正式启动，这是无锡首个区级"志愿服务时间银行"试点，也是国内率先通过制度设计，将志愿服务与养老、困境儿童帮扶、特殊困难对象服务等有机融合，推动全民全龄志愿服务的尝试。"志愿服务时间银行"坚持"以人民为中心"的发展思想，明确"时间传承服务、培育全民志愿"的发展目标，把大家奉献的爱心、付出的时间，用"时间银行"的方式存储起来，以便志愿者在有需要时兑换相应的服务，鼓励和支持全社会的志愿服务行为，保护志愿者合法权益，补足志愿服务"最后一米"。

1. 志愿者类型多样化

目前，无锡市的"时间银行"主要包括个人志愿者和团体志愿者，要求有公益服务精神，有从事志愿服务的时间，身体健康，无个人信用不良记录和严重违法记录。而提供专业服务的志愿者，需持有国家有关部门颁发的职业资格证书。该项目对全龄段人群开放，未满18周岁的在校学生可在其监护人为申请者的带领下参与志愿服务。而团体志愿者组织加入的条件是要拥有独立法人资质，无不良信用记录的机关、企事业单位及社会组织等。

2. 服务对象多样化

国内城市推出的"时间银行"，服务对象主要是老年群体。但无锡市的"时间银行"先期是在梁溪区试点，不仅针对老年人，还纳入了困境儿童等特殊人群，是国内率先通过制度设计，将志愿服务与养老、困境儿童帮扶、特殊困难对象服务等有机融合，推动全民全龄志愿服务的平台。服务对象包括常住梁溪区75周岁及以上的空巢独居老年人，部分有特殊困难的独居老年人可放宽至65周岁；儿童则为梁溪区境内的困境儿童；同时还包括梁溪区特困供养人员、困难对象、低保内困难残疾人等特殊对象。"时间银行"工作小组会进行相关人群的认定，只要是在"时间银行"内存有时间的相关人群，包括兑换时间后的志愿者等，都会是服务对象。

3. 服务管理全程化

目前，"时间银行"的服务项目以非专业性且风险相对可控的服务内容为主，具体内容包括陪同就医、情感慰藉、陪读和陪伴、文体娱乐、法律援助和培训讲座等。据了解，无锡市的"时间银行"已做到整个服务流程都会有事前审核、事中监督、事后激励的全程化管理。志愿积分在梁溪区内可以通存通兑，随着"时间银行"的推开，在全市实现通存通兑也没有问题。而该"时间银行"系统还在南京、溧阳、青岛等多个城市同步开展，江苏省内也要求全省推广"时间银行"，未来也能在其他城市进行兑换。

据悉，无锡市的"时间银行"运作将为志愿者提供志愿服务证明，成为志愿者个人和团队在评比表彰中的加分项。同时，相关部门也在商洽链接其他激励方式，比如参加志愿服务可以增加个人的诚信分，服务达到一定时间成为星级志愿者后，可以获得景区门票奖励，享受出行、商场购物优惠等，达成"我为人人，人人为我"的社会共识。

有关人士表示，从经济发达国家的实践来看，"时间银行"将会成为一个社区治理工具，实现居民自治、互助，帮助政府共同治理社会。而无锡市"时间银行"运行方也表示，期待推动无锡市志愿服务更上一层楼。

（三）青岛市：有序的分级管理体系

2020年4月，青岛市出台《青岛市养老服务时间银行实施方案（试行）》（青民字〔2020〕24号），该方案将"时间银行"的重点服务对象确定为：存有时间的60周岁及以上老年人与重点空巢独居老年人（80周岁及以上空巢独居老年人，或60~79周岁低保家庭中失能半失能的空巢独居老年人），并主要通过构建"时间银行"管理体系、时间管理与发放、开设"时间银行"服务点三个方面来搭建时间银行运行机制。

首先，青岛市"时间银行"以市、区（市）、街（镇）三级管理体系为依托，并设立市、区（市）两级养老服务质量指导中心，来承接市、区（市）两级养老服务"时间银行"的运行和管理，其主要职能包括管理全市"时间银行"运行系统；组织实施"时间银行"标准化、信息化、法治化建设，开展相关培训；指导各区（市）开展"时间银行"志愿者注册，服务存储、兑换等工作；评估、监管"时间银行"运行绩效。各区（市）民政部门具体组织实施本区（市）"时间银行"工作。街（镇）在街（镇）级居家社区养老服务中心设立"时间银行"服务点，具体负责本辖区"时间银行"的注册登记、服务记录和质量管理。其次，以青岛市社保卡为载体，为"时间银行"志愿者开设专门的"时间银行"账户，以小时为单位进行存储。最后，以镇（街）级居家社区养老服务中心为平台，主要开展"时间银行"政策宣传，帮助老年人发布服务需求，指导市民注册"时间银行"志愿者，提供"时间银行"志愿者存储时间查询服务，根据需要开展志愿者培训，协调志愿者与老年人的服务对接等工作。

作为应对城市老龄化的重要养老服务模式之一，探索实施互助养老、在全市推行养老服务"时间银行"，是深化青岛养老服务体系建设的重要举措。养老"时间银行"通过政策设计，鼓励志愿者为老年人提供养老服务，在全市统一的服务平台上按一定规则记录储存志愿者的服务时间，当志愿者需要养老服务时可提取时间、兑换服务，通过这一互助养老模式，可以有效缓解养老服务力量不足的矛盾。"时间银行"互助养老模式对健全社会养老保障体系，实现"老有所养"具有十分重要的意义。面对目前我国日趋弱化的家庭养老功能，推广"时间银行"这一志愿服务的创新模式，可以缓解不断扩大的老年照料和服务压力。

2021 年 3 月 30 日，青岛市民政局下发《关于推广使用养老服务时间银行的通知》，明确在市南区、西海岸新区、城阳区开展养老服务"时间银行"项目试点的基础上，在全市范围内推广养老服务"时间银行"。这是青岛市继居家社区养老服务实现城乡全覆盖之后，应对城市人口老龄化的又一领全国之先的力举。作为新生事物，养老服务"时间银行"在推进过程中，存在服务质量、标准不统一等问题，也亟须在探索中破解一些困扰供需双方的瓶颈。

《青岛市养老服务时间银行实施方案（试行）》，明确了青岛市养老服务"时间银行"的总体要求、重点任务、实施步骤和保障措施，制定了《青岛市养老服务时间银行实施细则》，明确了"时间银行"管理机构和服务站点相关标准及管理制度；志愿者、服务对象审核、注册、退出等相关标准规范；"时间银行"志愿者提供服务的流程及服务标准；"时间银行"服务项目种类；"时间银行"服务安全管理规定、突发事件应急处置办法；"时间银行"服务站点以及"时间银行"志愿者奖励办法等规章制度。

与此同时，养老服务"时间银行"已在首批试点的市南区、西海岸新区、城阳区全面铺开。凡年满 18 周岁、有公益服务精神、有从事养老服务的时间，身体健康、无个人信用不良记录和严重违法记录的公民都可以注册成为志愿者，并根据发布的需求"接单"，80 周岁及以上城镇户口空巢独居老年人、60 周岁及以上农村留守老年人成为第一批接受"时间银行"

服务的对象，他们每周会获得 4 个小时的政府购买免费服务。

目前"时间银行"以非专业服务项目为主，主要包括助餐、助医、助浴、助洁、助急和指导使用智能手机 6 大类。其中，助餐包括上门送餐和帮助购买食蔬等；助医包括陪同就医、按医嘱代为取药和购买药品等；助浴包括洗浴看护和接到养老服务站点洗浴等；助洁包括理发、家务整理、帮助清洗衣服等；助急包括各项日常生活应急协助服务项目以及心理疏导、陪伴聊天等。

根据青岛市目前的标准，上门送餐每次可存储 0.25 小时，帮助购物每次可存储 0.5 小时，陪同就医每次可存储 0.25 小时，洗澡看护每次可存储 1 小时，帮助清洗衣服、理发、家务料理等每次均可存储 0.5 小时，精神慰藉、指导使用智能手机等每次可存储 1 小时。在实际运行过程中，陪同就医往往需要花费大量的时间，0.25 小时可能会偏少，应该根据实际情况作出具体调整，使志愿者的付出和存储时间大致相当。

三、"时间银行"的实践意义

一是应对人口老龄化的一种低成本战略。我国老龄化问题的不断加重，单独依靠政府的力量无法解决根本问题，发展多元的养老模式势在必行。"时间银行"可以调动社区居民的积极性，吸引志愿者的参加，是对居家养老模式的有益补充，可以为一些收入不高、自主购买养老服务能力不足的老年人提供一个获得服务的途径，有利于节省养老的社会成本，有效缓解老年服务的资金需求压力。

二是提供多样化服务，从而提高社会养老质量。老年服务的需求是大量的、全方位的，同时也是有差异的。不同地区、文化层次、职业、性别、年龄的老年人有着不同的需求。"时间银行"养老服务模式的出发点之一，是将照顾老年人的部分责任由家庭转移到社会。这一做法立足于全民，旨在吸引群众广泛参与，提供多样化服务，进一步完善社区养老服务体系。

三是满足了老年人对精神满足的渴求。目前我国老年人的需求正由低层次、单一化向高层次、多样化过渡，养老问题的重点不只是老年人基本生活需求的满足和货币形式的保障，老年人的需求更多体现在心灵层面和精神层面的多样性。"时间银行"是一种精神层面的补充，其倡导邻里互助，有利于克服陌生人社会群居却互不往来的冷漠现象，为需要帮助的人和可以提供帮助的人搭建一座桥梁，拉近社区居民间的关系，体现了邻里之间的相互关爱，是一种幸福感的满足。

四是充分开发人力资源。"时间银行"养老服务模式还能促进老年人力资源的开发。低龄老年人按照国家法定退休年龄退出就业市场后，事实上还有很大部分的人仍然有继续工作的潜力。他们的自身条件比较健康，生活能力也比较强。"时间银行"养老服务模式可以调动他们的积极性，充分利用现有的老年人力资源，拓宽养老服务的人力资源途径。

五是有利于培养社区的社会资本。社区社会资本是建立在社区参与的基础上，通过个人和组织的长期内外互动形成的，嵌入社区关系网络，有助于实现组织和社区发展目标的社会资源。社区社会资本是个动态的概念，只有加强社区居民之间的有效互助，才能不断积累。"时间银行"互助养老服务促进了社区关系网络的发展，有利于社区归属感的培育，让社区居民之间形成了互惠合作关系，最终形成多层次的社区照顾体系。

六是有利于完善具有中国特色的社会养老服务体系，探索新型养老志愿服务模式作为劳动成果延期支付的一种形式，将互助服务量化并存储起来，服务提供者将来可以支取等量的他人服务，调动人们服务的意识和积极性，有助于建立社会"人人为我，我为人人"的长效互助信用机制。居家养老不失为一个适合我国国情的养老方式，而通过"时间银行"进行的接力式服务，无疑为居家养老提供了积极的辅助和补充。这种模式具有一定的社会基础，易于获得认同。通过邻里间互帮互助的形式，社区内各种资源可以实现有效的整合和广泛的利用，逐步完善养老服务体系。

四、"时间银行"的未来发展

2018年民政部答复了人大代表"关于在全国推广'时间银行'的建

议"，指出将把建立"时间银行"作为发展互助养老的重要方式，要重点做好以下工作。

一是落实鼓励公益慈善组织支持养老服务的各项政策措施。引导公益慈善组织重点参与养老产品开发、养老服务提供，使公益慈善组织成为发展养老服务业的重要力量。积极扶持发展各类为老服务志愿组织，开展志愿服务活动。倡导机关干部和企事业单位职工、大中小学学生参加养老服务志愿活动。

二是支持老年人开展互助服务。支持老年群众组织开展自我管理、自我服务和服务社会活动。探索建立健康老年人参与志愿互助服务的工作机制，建立为老志愿服务登记制度。弘扬敬老、养老、助老的优良传统，支持社会服务窗口行业开展"敬老文明号"创建活动。

三是以推广使用全国志愿服务信息系统为基础完善配套制度。顺应"互联网+养老"和大数据发展趋势的客观需要，推动实现全国养老志愿服务数据信息互联互通、统一汇集、共享应用。广泛号召有志愿服务意愿的"年轻老年人"在系统中注册为志愿者，报名参加养老志愿服务活动。积极引导广大志愿服务组织依托系统进行志愿者招募注册、开展志愿服务项目活动，通过全国志愿服务信息系统实现志愿服务供需对接，不断扩大系统使用的社会覆盖面。

四是加强"时间银行"探索研究。对养老服务"时间银行"的探索始于 20 世纪 90 年代，历经多年，各地探索积累了丰富实践经验，但也遇到了很多难以解决的困难。为进一步加强探索研究，民政部已将"时间银行"纳入全国居家社区养老服务改革试点范围。下一步江苏省将深入研究，争取在试点基础上获得突破，建立能够全国推广的运行模式。

民政部 2021 年在对"关于发展普惠性养老服务和互助性养老，健全基本养老服务体系的建议"的答复中，提出了关于推进"时间银行"互助养老体系建设的建议：

第一，"时间银行"要取得长足发展，必须从初心使命、宗旨根源上贯穿和落实志愿服务的"无偿""自愿"精神，并在体制机制上解决下列问题:一是明确服务时长的标准兑换,优化简单服务与专业服务的兑换比例。二是提升兑换的及时性、有效性,在参与者有需求时可随时享受相应服务。三是提升兑换的地域范围和享受人群。例如,在北京参加志愿服务后,可在河南享受相应服务;孩子参加志愿服务后,父母可享受兑换服务。民政部将持续关注"时间银行"模式实践。

第二,加强养老服务相关志愿者队伍建设。国务院制定实施《志愿服务条例》,民政部发布《志愿服务记录与证明出具办法(试行)》,研究编制《志愿服务基本术语》《志愿服务组织基本规范》等标准,加强全国志愿服务信息系统建设应用,为社会各界开展为老助老志愿服务提供政策支持、技术保障和平台支撑,支持养老服务机构、城乡社区设立志愿服务站或志愿服务岗位,主动招募接纳志愿者开展常态化、经常化的为老助老志愿服务。

2023 年 7 月,民政部办公厅发文表示,由于 2023 年以来,一些不法分子假借"时间银行"名义进行相关虚假宣传和非法集资活动,侵害了广大老年群众的合法权益,故决定规范"时间银行"名称的使用,具体提出了以下三点要求:

一是根据《中华人民共和国商业银行法》有关规定,今后在养老服务领域不再使用"时间银行"名称。对已开展的互助养老、养老志愿服务相关实践探索,各地可结合实际更换通俗易懂、表达规范的名称。

二是各地民政部门要切实履行部门职责,加强工作指导和监管,规范开展互助养老、养老志愿服务相关实践探索,避免在载体形式、服务内容、运作模式等方面给不法分子留有可乘之机。

三是各地民政部门要积极配合金融监管部门做好违法使用"银行"字样专项清理整治活动,加强对规范"时间银行"名称使用的舆论宣传引导,防范恶意炒作。

也就是说,互助养老、养老志愿服务这类养老服务形式依然存在,但今后在养老服务领域中将不再使用"时间银行"这个概念,这一概念容易引起歧义和误会。

经典案例

案例 1 ☆★★

镇江丹阳市综合为老服务中心

丹阳市综合为老服务中心是福康通与丹阳民政联手打造的嵌入式社区养老服务旗舰店，中心占地面积约 1000 平方米，配套助餐区、日间照料区、认知症专区、中医理疗区、适老产品租售及便民服务站、抖音直播间、健身区等功能活动区，开展助餐、助洁、居家服务、康复理疗、精神慰藉、文化娱乐等专业化、多元化服务。

图 1-1　中心前台

助餐区：以中西结合的餐饮模式，为周边社区老年人供应一日三餐，并提供包括堂食、配送、外卖等各类服务，满足社区老年人居家养老的就餐需求。

图1-2　助餐区

日间照料区：内设护理站，安排24小时人员值班，建立标准化的台账管理制度体系，做到入住长者一人一档。共设有8张养老床位，2个双人间、1个多人间，房间内以"家"的概念来诠释，通过温馨的布置、适老化的设备、智能化的产品，给入住的长者营造一个安全舒适的环境，为家庭成员提供喘息服务，暂缓家庭养老压力。

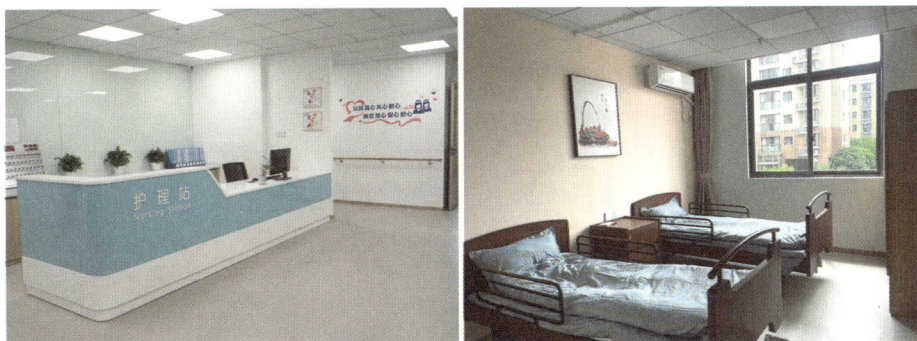

图1-3　日间照料区

认知症专区：特别引进认知障碍综合服务智能一体机，具有脑健康测试、多功能感官训练和康体训练等功能，区域内摆放了很多怀旧小物件和老照片，起到一定的缓解病情作用，还有一些益智类小游戏，可为老年人提供思维训练。

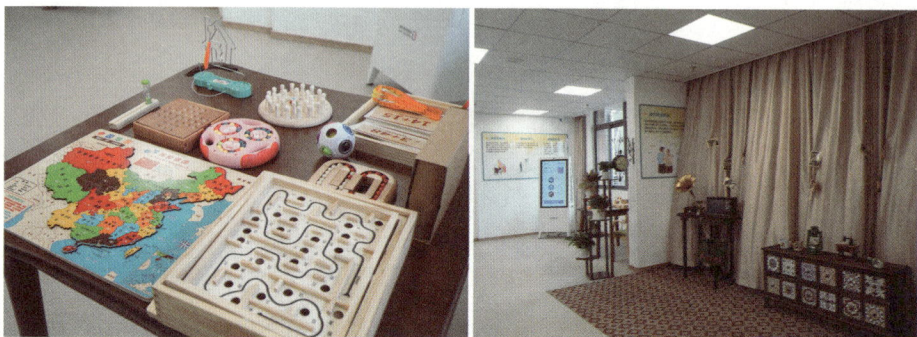

图1-4　认知症专区

中医理疗区：包含问诊室、理疗室、熏蒸室三大板块，通过艾灸理疗、推拿按摩、耳穴压豆、针灸调理等中医技术开展养生调理服务，为术后及需要康复调理的老年人提供康复理疗和膳食营养指导。通过将专家诊疗、普通医生+AI医生相结合的方式，根据大数据拥有160位名医智慧AI超级大脑判断，超级大脑作出诊断+开出方案，误诊率非常低，诊疗可以标准化，极大提高了问诊速度。

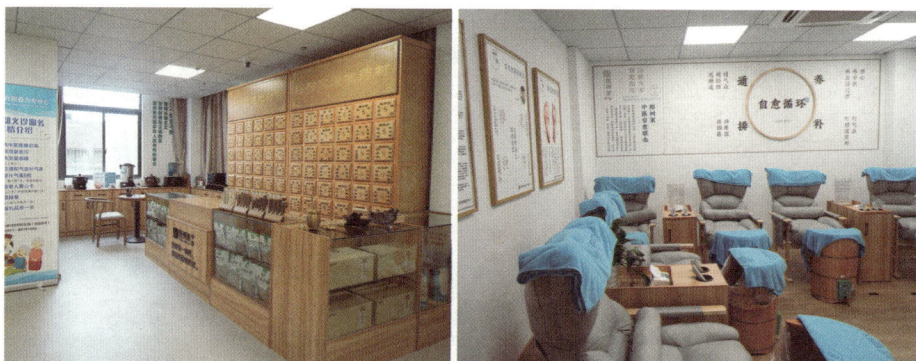

图1-5　中医理疗区

适老产品租售及便民服务站：中心内设便民服务站及展厅，打造了一个市级老年人康复辅具配置（租赁）服务中心，同步制定老年人康复辅具配置租赁办法及相关补贴政策，通过线上租赁平台、线下中心展示，指导全市站点建设，做好示范宣传引领作用，形成1+N的全市老年人康复辅具配置、租赁、回收和洗消网络。同时，便民服务站也可为老年人提供保洁、做饭、维修等上门家政、助浴服务及回收旧衣服资源再利用之类的各项便民服务措施。

图1-6　适老产品展示

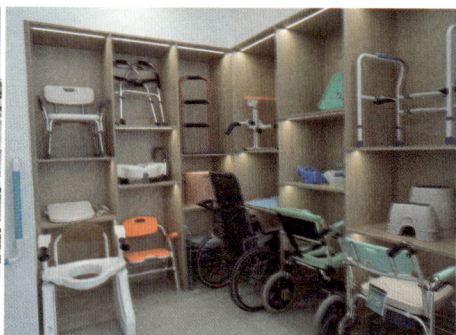

图1-7　康复辅具配置租赁

抖音直播间：通过抖音直播平台，更直观地将丹阳综合为老服务中心推向市场，让更多的长者或有养老需求的家庭加深对中心的了解。同时，定期邀请养老行业大咖、中医领域专家等专业人士做客直播间，为长者分享养老知识，进行健康宣教。

健身区：针对活力老年人打造了强身健体区域，除了一些运动器械，还有室内篮球、高尔夫和沙壶球等，老年人在这里，通过适当的有氧运动，可以增强体质，放松心情，结交更多的朋友，提升"老有所学、老有所乐"的获得感和幸福感。

丹阳市综合为老服务中心从一站式平台管理、全方位特色服务、适老化产品推介、互助式志愿服务"四个维度"发力，为丹阳市民打造"15分钟生活服务圈"，进一步补齐社区养老的短板，让老年人在"家门口"即可乐享晚年。

案例2 ☆★★★

合肥庐阳区养老服务指导中心

庐阳区养老服务指导中心隶属于庐阳区民政局，在政府的领导下，养老中心立足全局，整体设计，顺应社区居家机构相协调、医养康养相融合的养老服务体系，打造一种多业态叠加的复合型养老综合体。提供助餐、药房、日间照料、文化娱乐以及康复辅具租赁、中医和康复治疗等服务。

图2-1　中心门头

中心二楼的康复医疗中心是按照卫健委标准设置并通过审批的社区型康复医疗机构，可为有需求的患者提供方便、快捷和优质的康复医疗服务，满足不同疾病患者康复的需求。目前设有门诊部、住院部和相关医技科室，可提供常见的骨与关节疾病、脑血管疾病后遗症、老年心肺疾病、各类手术、外伤等疾病的术后康复治疗。

中心设有服务大厅、庐阳区智慧养老服务指挥中心、舞蹈室、书画室、休闲阅读区、居家便民服务站、KTV、影音室、摄影室、茶室、多功能活动室等。

图2-2　休闲阅读区

图2-3　多功能活动室

社区康复医疗中心：拥有多项康复治疗项目，如常规体检、常见病治疗、中医治疗、物理疗法、运动疗法。科室有康复科、内科、外科、中医科、精神·心理科、检验科。为满足广大居民的购药需求，中心设立了便民药房，内有OTC和处方药等多种常用药，目前可以刷医保购买药品。药房能够线上问诊，对于部分处方药，可在线上开药拿药，最大限度方便了周边社区居民的生活，对于一些行动不便的老年人，还会提供送药上门服务，让便民药房真正做到便民惠民。

图2-4　社区康复医疗中心

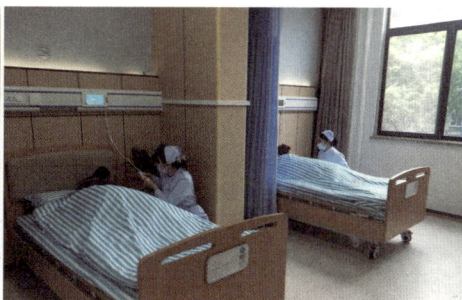

图2-5　社区康复医疗中心病床

适老化居家产品展厅/老年产品综合超市：中心在适老化居家展厅区

图 2-6　药房

域放置了助浴器、坐便器辅助升降椅、智能床垫、升降灶台等产品，实实在在辅助老年人更好地享受生活。老年产品超市将以往分散式的产品变得集中化，满足了老年人的一站式采购需求。对于拐杖、轮椅、助行器等辅助器具，除了销售外，中心还提供租赁服务。在这里，老年人常用的产品一应俱全，如防滑鞋、血糖仪、护理垫等，不同规格不同型号的产品可满足居民的不同需求。

图 2-7　适老化居家产品展厅

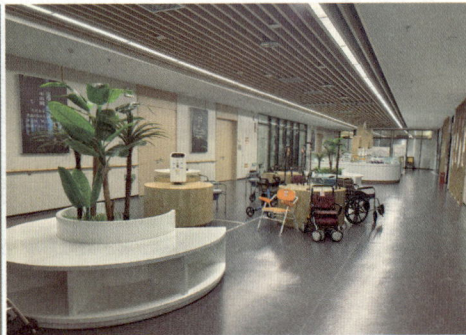

图 2-8　老年产品综合超市

中心课程：为进一步弘扬尊老、敬老、爱老、助老的中华民族传统美德，积极传递社会正能量，目前中心开设合唱、旗袍秀、非洲鼓、手势舞、国学讲堂、围棋、书法、朗诵等课程，课程的开展让老年人切实感受到来自社会大家庭的关心与温暖。未来中心将不断丰富活动形式，满足老年人的需求，进一步充实老年人的精神文化生活，让老年人都能生活得安心舒心，健康愉悦，安享高质量晚年。

图2-9　中心课程

案例3 ☆★★★

温州龙港市中对口社区居家养老服务中心

在温州龙港市社会事业局的大力支持下，中对口社区积极推进居家养老相关政策落地，结合乡村实情，牢抓老年人的实际需求，对社区日常资源不断进行完善优化，发挥温州老年友好社区建设示范区榜样作用。

作为中对口社区居家养老服务中心的运营服务单位，福康通养老秉承"适老化""人本化""数智化"的运营理念，设置物联网监管平台、辅具租赁系统和人脸识别助餐终端，打造智能居家养老服务中心，精细化服务社区 1731 位长者。

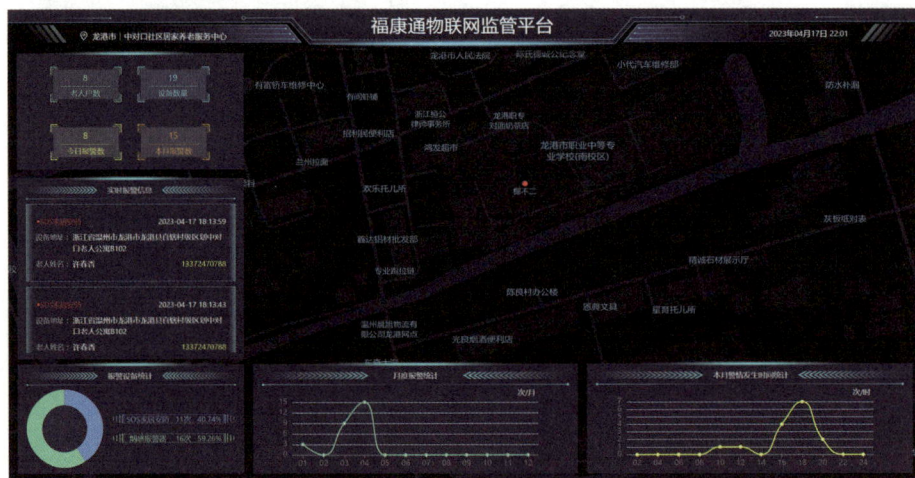

图 3-1 数字大屏

在老龄化日益严峻的背景下，老年人对精神文化生活的需求越来越多。福康通承接中对口社区居家养老服务中心运营以来，持续开展丰富多彩的社区活动：多肉领养、脸谱绘画、帆布袋绘制、读书会等，培养长者业余爱好的同时，帮助长者锻炼手脑协调能力；每月定期开展长者生日会，将社区长者聚集在一起，既为长者提供交流的机会与平台，也能缓解长者的孤独与寂寞，打造和谐友爱的社区养老环境，让长者的养老生活幸福满满。

图 3-2　脸谱活动

图 3-3　手绘帆布包

图 3-4　母亲节活动

图 3-5　端午节活动

除了日常的乐龄活动，福康通养老还联动各类社会资源，常态化开展义诊、义剪、按摩、体检等服务，让长者足不出户就能够享受到便捷的生活服务，体验获得感满满的居家养老服务。

图 3-6　健康义诊

图 3-7　反诈宣传

图 3-8　健康足疗

图 3-9　生日会

图 3-10　文艺表演

此外，还联合社区不定时开展文艺会演、思政讲堂、反诈宣传、健康讲座等活动，开阔长者知识面，提升长者健康意识、防范意识，帮助长者辨别生活中的"大坑小坑"，守住"养老钱袋子"，过上安全感满满的养老生活。

2023年4月，民政部党组成员、副部长唐承沛一行莅临考察了中对口社区居家养老服务中心，在实地参观了养老服务中心的日常服务，详细了解了乡村养老的真实风采后，对中对口居家养老服务中心给予了充分肯定。

未来，福康通也将继续在政府的指导和社区的协助下，开展丰富多彩的站点活动，为长者提供方便快捷的生活服务，不断提升老年人居家生活的幸福感、获得感和安全感，为长者的养老生活保驾护航，让更多长者能够走出家门、走进社区，融入和谐友爱的养老大家庭。

案例4 ☆★★★

无锡梁溪区居家养老援助服务

　　2021年底，福康通落地无锡市，成立无锡福康通到家信息科技有限公司（以下简称无锡福康通到家），作为无锡梁溪区综合养老服务指挥中心，同时服务梁溪区5.6万名居家养老援助对象。在无锡市和梁溪区民政部门的领导下，无锡福康通到家积极应对人口老龄化，打造医、康、养、乐、护一站式管家服务，不断提升辖区内老年人居家生活的幸福感、获得感和安全感。

图4-1　公司大门　　　　　　　　　图4-2　公司前台

　　无锡福康通到家下设四大业务部门：呼叫中心、服务部、社区运营部以及康复护理部。稳步拓宽养老服务业务布局，有效协同无锡市养老服务产业健康、有序、快速发展。

　　呼叫中心：利用智能电话呼叫系统，作为统一对外联系的窗口，高效发挥外呼邀约、分类派单的能力。当话务员拨出或接进服务对象的电话时，电脑都会出现信息弹窗，话务员可第一时间掌握老年人的基本信息，从实际情况出发与之沟通，在后台快速完成沟通、服务需求分类和派单工作，让老年人感觉沟通贴心且效率高。呼叫中心设有数字大屏，实现政府购买服务数据可视化。运用互联网和大数据等先进手段，实时追踪辖区居家上门援助服务数据。

图 4-3　数字大屏

　　服务部：通过分片区管理、制定并严格实施标准化操作流程等举措，高质量完成辖区居家上门援助服务工作。无锡福康通到家结合辖区各街道用户分布特点，将原先按行政区划设置的 9 个街道，组合优化为南部、中部、北部 3 个服务片区进行管理。公司配有专业助老员 400 余名，为老年人提供专业的生活照料、紧急救援、康复护理、精神慰藉等服务。每项服务均实施标准化操作流程，平均预约响应时间 10 分钟，投诉响应率100%，投诉解决率 100%。

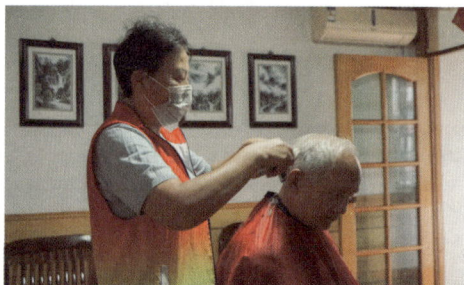

图4-4　上门理发

图4-5　签订服务协议

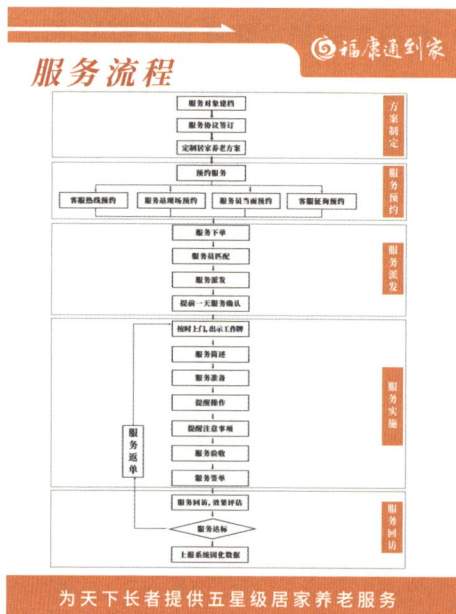

图4-6　清洗空调

图 4-7　服务流程

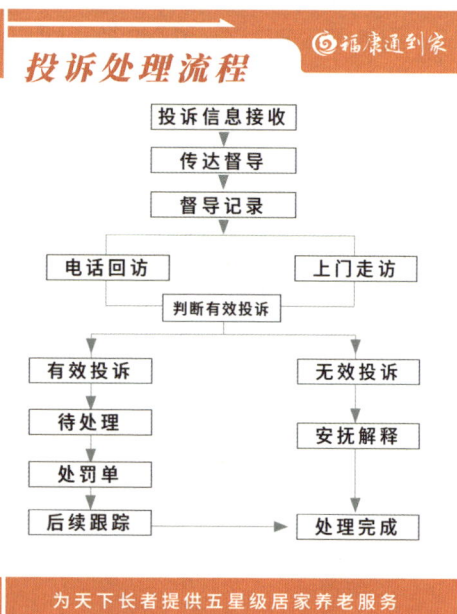

图 4-8　投诉处理流程

社区运营部：将根据各个街道养老服务站点的硬件情况、周边老年人服务需求，制订出个性化运营方案，为社区站点规划出包括健康管理、休闲娱乐、文化教育、健康运动、助餐食堂等多个功能区。同时，社区运营部通过积极开展与居家养老援助服务相结合的站点活动，进一步满足老年群体日益增长的科技、文化、娱乐、心理等方面的需求。

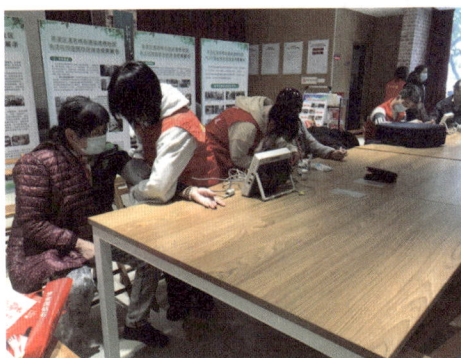

图4-9　健康检查

图4-10　社区公益活动

图4-11　老年合唱团

图 4-12　老年合唱团

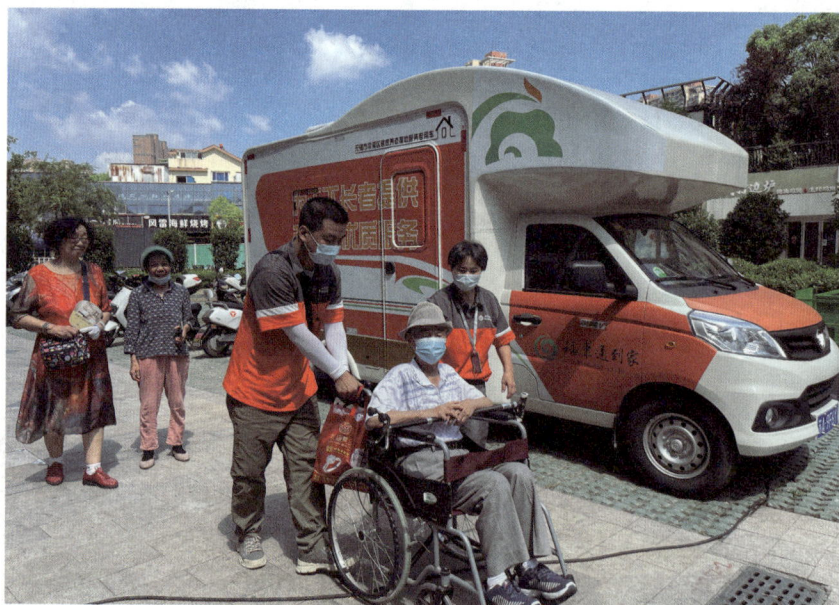

图 4-13　流动理发车进社区服务

　　康复护理部：由专业医护人员组成，携带便携式医疗设备，把诊疗康复护理一条龙式的服务送进老年人家里。随着长三角地区"又富又老"时代的到来，差异化、优质化养老需求持续增长，居家老年人对护士"上门护理"服务的需求高涨，而且也是最急需的。无锡福康通到家积极探索创新"医养"，设立康复护理部，为社区内居住在家不能或不愿意出门的老年人提供健康管理、康复护理等居家上门服务。立足"居家"，服务"养老"，创新"医养"，将护理和养老有效结合，不仅让社区里的高龄老年人享受到便捷的医疗服务，还能节省医疗成本，使其足不出户即能解决专业护理问题。

督导部：为了优服务、提质效，无锡福康通到家专门设立了督导部，采用系统化、制度化、规范化的方式，对各服务项目的运营情况进行监督、检查。对服务中存在的问题逐一登记、反馈，并进行整改结果跟踪。督在关键、查在要害、考在实处，取得了良好的工作成效。

无锡福康通援助服务工单扣罚制度

序号	类型	情况描述	处理原则
1	不合格工单	1. 服务人员在上门服务期间，未按要求统一着装或未佩戴工作牌	扣除该不合格工单
		2. 服务内容、服务时间或服务人数与平台不符	
		3. 服务时间未达到服务项目规定时长	
		4. 未按公司相关话术标准、服务标准和流程进行服务	
		5. 未核实到老人本人在家的情况下产生的工单	
2	不满意工单	服务人员因个人原因导致服务对象不满意，且经督导上门核实	扣除该不满意工单+罚1单
3	虚假工单	服务中离开无报备	第一次发现，立即停账号并进行约谈，扣除该工单；再经发现，扣除该工单+罚5单，并作辞退处理
		未服务，虚报工单	扣除该未服务工单+罚5单，并作辞退处理
4	其他违规	1. 服务人员不合格、不满意工单每月累计超过3次、每季度累计超过5次	解除该服务人员的劳动关系
		2. 服务人员对不达标工单私自上门和服务对象理论，被服务对象投诉的	
		3. 服务人员未经公司同意，私自推销商品和服务的	
		4. 服务人员出现不尊重服务对象、态度恶劣、以恶言顶撞威胁服务对象的	

　　始终坚持把服务质量作为企业底线来严守，把协同无锡市养老服务产业健康、有序、快速发展作为长期任务来推进，聚焦问题导向解难题，坚持需求导向补短板。无锡福康通到家用一流的标准、科学的方法、严实的作风、恒久的韧劲、强烈的责任，打造出了无锡区域居家社区养老服务的经典案例。

案例 5 ☆ ★ ★ ★

池州青阳县居家养老服务

青阳县低收入老年人居家养老服务补贴项目服务对象总计 3393 人，其中城镇低保人员 165 人（60~79 周岁）、农村低保人员 2327 人（60~79 周岁）、特困人员 901 人（60~69 周岁），分布在青阳县 11 个乡镇 117 个村（社区）。购买服务标准农村每人每月为 99 元、城镇每人每月为 199 元。青阳福康通根据项目合同内容和要求，为服务对象提供上门服务，包括助洁、助医、助急、精神慰藉等。

一、项目筹建过程

2023 年 4 月 8 日，青阳项目中标。

2023 年 4 月 24 日，行政团队组建完成。

2023 年 4 月 28 日，护理员全员就位。

2023 年 5 月 5 日，开始第一次上门服务。

截至 2023 年 11 月 30 日，已完成工单 42763 笔，累计服务 20888 人次。

二、员工招聘

当地网络招聘：依托青阳网平台，发布招聘信息。

借助民政力量：联系各乡镇民政所所长、各村（社区）民政工作人员，在村民和居民群内发布招聘信息。

现有员工推选：现有员工向企业介绍新的工作候选人。

重点人才吸纳：以合理的待遇、事业的平台和融洽的氛围，吸纳有经验的人才。

三、重点工作

筹备期：根据筹备标准，细化筹备内容，指定责任人，确定完成期限（总部支撑、团队协作）。

服务期：服务目标是覆盖率、满意率、精准率均为100%，管理目标是客户零拒绝、服务零假单、项目零事故。

三个阶段：第1个月服务开始；第2个月巩固期；第3个月提升期。

三个要求：护理员做（会说、会做、会记录）；管理者管（沟通、派单、统计、分析、汇报）；领导者领导（把控方向、节奏微调）。

员工培训：开展了一次全体培训（3天）、1次分片区培训（半天）、1次全体技能考核和阶段复盘（1天）。培训的主要内容是公司简介、企业文化、职业道德规范、护理理念、员工基本礼仪、服务流程标准化、服务技能实操、个人防护及安全教育、系统及手机端使用等。

图 5-1　整装待发　　　　　　　图 5-2　服务前总动员

图 5-3　就业技能培训

图 5-4　护理员培训

为实现有效管理，促进各部门之间的沟通与协调，提高各部门的执行力、工作计划性及工作效率，有效追踪各部门的工作进度，公司坚持每天8：10召开晨会。晨会时间一般在 10 分钟左右，主要内容是对前一天工作中存在的问题进行复盘总结，现场沟通、协调和解决，并布置当日的重点工作，提出完成时间，拍照并文字记录，保持跟进状态。

案例 6 ⭐⭐⭐⭐

家庭养老床位建设

家庭养老床位是指以社区养老服务中心为支点，以养老机构为依托，将专业化的护理及照护服务延伸到家庭，对家有失能、部分失能老年人的家庭提供"三位一体"的适老化改造、智能化改造和上门照护服务。

福康通作为国内最早一批承接居家适老化改造和家庭养老床位建设的养老企业，自 2016 年开始，在各级地方政府的推动下，先后在江苏、浙江、安徽、河南、广东、广西、湖北、福建等地为老年人进行居家适老化改造和家庭养老床位建设。截至 2023 年 11 月 30 日，总改造项目数 801 个，总改造户数 265223 户，其中 2023 年改造项目数 258 个，改造户数 53223 户。

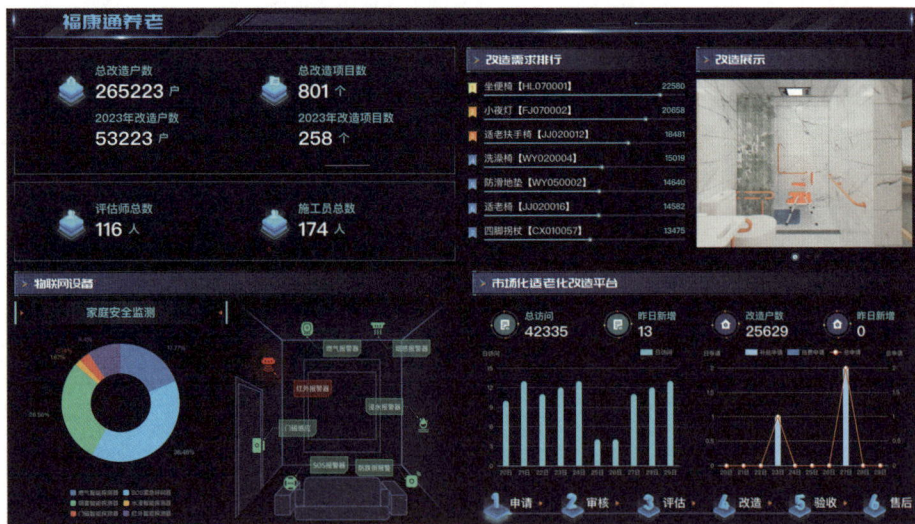

图 6-1　平台截图

福康通一直秉承"为天下长者提供五星级居家养老服务"的宗旨和使命，经过几年的砥砺奋进和用心打磨，目前已初步构建了线上平台"四化"+线下管理"五统一"的服务运营模式。在居家适老化改造和家庭养老床位建设上逐渐形成了自己的特色。

一、依托适老化改造综合服务平台，积极探索"四化"运营模式

在参与安徽合肥、六安、亳州、芜湖等地居家适老化改造和家庭养老床位建设过程中，福康通公司充分发挥科技优势，依托自主知识产权的"适老化改造综合服务平台"，积极探索"四化"运营模式，即管理信息化、应用智能化、决策数据化、服务移动化。

管理信息化：按照当地政策文件要求，针对项目信息档案进行全程跟踪、核准。从申报对象、民政部门、服务主体、建设主体等方面进行分级权限管理。

应用智能化：综合服务平台接入智能化设备，开发定制接口，在老年人家中安装相关信息监测等设施设备，进行全数据全时段应用接收。让老年人的健康有人关心，居家安全有人关注，同时也适合养老机构远程监测和服务老年人在家里养老。如果老年人有突发情况和紧急情况，可以按紧急呼叫器，综合服务平台服务中心接到报警，会安排工作人员及时上门处理。

决策数据化：通过平台数据处理中心，针对实时监测数据、紧急救助数据和服务需求数据进行应用分析，按照数据分类、紧急程度进行平台服务分派，省去服务分析过程，服务机构直接接收服务执行信息。

服务移动化：通过自建、合作、招募相结合的方式打造基础服务团队和专业护理团队，借助平台和小程序分派服务工单，进行服务响应，按照服务协议和服务内容为老年人开展上门服务。

二、线下服务"五统一"运营服务体系

服务不规范、响应不及时、服务不持续是家庭养老床位建设在实施过程中的痛点和难点。如何以政府购买服务为抓手，积极开展市场化运作，让适老化改造和家庭养老床位建设可持续良性发展一直是养老服务行业努力的方向。

　　因此，在拓展南京、无锡、扬州、连云港、洛阳、赣州、惠州等市场时，福康通不仅注重平台的开发应用，更加重视服务标准、服务流程、服务规范的建设与打造。针对早期开展上门服务出现的操作不标准、服务时长不达标、服务工单不规范等种种乱象，在充分调研分析的基础上，结合地方政策服务要求，在"N 助一护"基础上，将上门援助服务分为基础性服务和专业性服务，并将老年人日益多样化的养老服务需求进行了量化和细化，服务内容共分 5 大类 46 项。

　　在实施"家床建设"时，项目用户一户一档、一户一策，并按照服务留痕要求，依照服务清单与老年人签署服务协议。后期严格按照统一协议、统一服务内容、统一服务流程与规范、统一人员调度、统一信息纳入的"五统一"方式开展上门服务，并依据客户服务档案进行回访和品控，为居家老年人提供生活照料、康复护理、精神慰藉、远程监护、居家智能安防等服务，让失能、半失能老年人在家里也能享受专业的照护服务，提升老年人的获得感和幸福感。

康复辅具租赁

老龄化、高龄化的发展趋势使老年人、残疾人对康复服务的需求日益增加，在康复辅具租赁产业发展之前，消费者为了满足自身康复需求主要依靠两个渠道：一是在康复医院或社区卫生服务中心接受康复服务；二是购买康复辅具在家进行康复治疗。家庭经济收入水平不高的消费者只会购买中低端的康复辅具来满足自身需求，这就使得康复无法达到很好的效果。此外，康复器具使用的迭代和交替还会造成剩余资源的浪费。辅具租赁理念与模式，符合我国经济改革发展总体方向，不仅降低了消费者康复辅具消费门槛，而且促进了辅具技术研发，也倡导了循环节约，减少了资源浪费，通过供给侧改革引领康复辅具产业的发展，甚至能为国家和政府

图7-1　连云港综合为老服务中心——辅具租赁中心

科学决策提供基础参考。

目前福康通在南京、连云港、镇江、合肥等地运营了多家康复辅具租赁站点，消费者租赁辅具回家，使用完毕后退回辅具租赁站点进行清洁消毒，康复辅具还能再次使用，不仅减少了资源的浪费，也提高了康复辅具的使用效率。

图 7-2　智能辅具体验区

一、康复辅具租赁的做法

1. 直接租赁

适用短期使用人群，提供短期按周期计费的收费模式。

2. 以租转售

针对潜在长期使用人群或不定期人群，直接租赁的费用，超过辅具售价时，辅具所有权归使用者，不再收取租赁费用。

3. 转售回购

针对长期使用人群，被租赁辅具所有权已归属使用者，但辅具已无须再使用，服务方针对功能完好的辅具，做评估折价回购。

图7-3　助行类辅具

二、康复辅具租赁流程

1. 咨询

通过现场、电话、小程序、网络平台的方式进行服务的咨询、申请、受理。

2. 评估

服务中心针对需求者的实际情况做评估，并建议适配的辅具。

3. 签约确认

用户在完全了解服务条款的前提下，与服务中心签订服务合约。

4. 递送装配

服务中心与用户约定时间，将辅具递送上门，负责装配到位。

5. 培训使用

服务中心对用户及其相关家人，做辅具使用的培训，确保其正确地使用。

6. 解约回收

用户提前与服务中心确认停止服务时间，服务中心确认回收的辅具。

7. 洗消入库

服务中心针对回收的辅具，按照规定做相应的检修、清洗、消毒并入库。

图 7-4　助浴类、如厕类辅具

三、康复辅具租赁的下单模式

线下服务：通过各线下服务点，进行咨询、体验、评估、下单。

线上服务：下载"智能辅具租赁"小程序进行咨询、申请、下单。

福康通根据患者疾病治疗、康复训练、生活护理的需求，按照"健康—半介助—介助—介护"程度进行辅具分类分级，制订个性化辅具适配方案和康复培训方案，全方位满足患者"支撑、平衡、安全、舒适"的辅具租购需求。已配置护理类、起身类、助浴类、二便管理类、助行类、转移类、肌力关节训练类、认知训练类、防跌倒类、技能检测类、助视器类、物理因子类、生活辅具类、护具类共 14 大类近百种辅具。可解决辅具刚需人群从无到有的矛盾，实现从传统购买型消费向共享型租赁消费的转变，避免辅具设备的闲置，降低家庭开支，节约社会资源，使政府购买配发的服务模式转变成政府引导下的社会资源协同解决模式，有利于激发市场活力、培育创新经济动能、促进产业升级转型，引导老年人走出家门、参与社区活动、享受社区康养的福利政策，构建以政府为导向、以企业为指导、以社区为纽带的新型居家社区康养模式，为老年人、残疾人、伤病人等提供辅具居家和社区应用的全生命周期管理。

后　记

　　编写《居家社区养老服务》一书，献给在居家社区养老服务一线的管理者和服务者，通过弘扬积极老龄观，推动健康老龄化，为中国式现代化建设和新时代养老服务工作尽一份绵薄之力，是我们一直以来的心愿。

　　对我们来说，编写本书是一种大胆的尝试，同时也是一线迫切的需求。说是大胆尝试，是因为本书的编者，除了一部分学者，大部分是来自居家社区养老服务第一线的工作者，尽管他们有着丰富的实践经验，但如何对这些经验进行理性的梳理和准确的表达，是很大的挑战。说是迫切需求，是因为随着居家社区养老服务需求的快速增长，越来越多的养老服务工作者进入这个新的领域，我们没有现成的经验可以照搬和借鉴，迫切需要理论和经验的指导，这就逼着我们去学习、去研究。

　　我们以编书为媒介，将编书的过程拓展为调查研究、学习思考、增长知识和提高服务水平的过程，也是不断促进我们提升居家社区养老服务专业度的过程。

　　令人欣慰的是，在各级领导、专家学者和实际工作者三方面智慧的碰撞下，经过密切协作、不懈努力，从收集资料、整理思路、确定大纲、形成初稿到最后付梓，经过一年半的时间，现在终于得以将这本书呈现给读者。

　　更为幸运的是，正如我们所希冀的一样，参与本书编写的工作人员，都取得了不同程度上的收获和提高。与此同时，编纂过程所产生的理性思考也正在转化为一种新的动力，推动居家社区养老服务工作不断向纵深发展。

本书是集体智慧的结晶，参与各章编写的工作人员分别是：第一章、第九章和第十一章为钱国亮，第二章为王翔、朱彦、汪明，第三章和第十二章为朱彦，第四章为施弘毅、叶雪、钱国亮，第五章为王翔、殷波、钱国亮，第六章为王权、马寅龙、汪明，第七章和第八章为皮丹丹、王朴莉、钱国亮，第十章为钱国亮、朱彦。全书统稿为钱国亮、朱彦，主编汪明和副主编华凌志、诸培强分别对全书进行了最后的审定。

镇江丹阳市综合为老服务中心、合肥庐阳区养老服务指导中心、温州龙港市中对口社区居家养老服务中心、无锡梁溪区综合养老服务指挥中心、池州青阳县居家养老服务中心、福康通养老运营中心为本书提供了相关案例。

在本书的编写过程中，还得到了很多领导和专家学者的关心：江苏省老年学学会施国庆会长、南京大学陈友华教授、河海大学陈际华教授、孙中良教授、朱秀杰教授，南京养老志愿服务联合会史秀莲会长、南京理工大学李学斌教授、南京邮电大学周建芳教授、彭大松教授等养老领域的专家学者为本书的写作提供了许多宝贵的资料和意见建议。从事养老服务工作的一线工作者诸培强、邵健、胡晓、郑方方、魏光华、杨宁、郭峰、陶大山、施志龙、江龙飞、张映、曹玲慧等也为本书提供了修改意见，谨在此表示深深的敬意和谢忱。

由于认识水平有限、实践经验不足，书中的缺点和错误在所难免，敬请读者批评指教，有任何意见或建议，欢迎发送至邮箱：zhuyan@fkt99.cn，诚挚感谢。

《居家社区养老服务》编写组

2023 年 10 月